李维基 著

老北京的那些事儿

U0953221

中国轻工业出版社

序

一

北京是祖国的首都，也是世界著名的历史文化名城。有三千多年的建城史，八百五十多年的建都史。她有大气磅礴、富丽堂皇的紫禁城及颐和园、北海等皇家园林；有散布于城内外，历经沧桑的大量寺庙琼宇和道观祭坛；有围棋盘般的大片大片纵横交错的胡同儿和青砖灰瓦的四合院儿；还有天桥儿、前门、钟鼓楼及什刹海等。这里世世代代居住着京城的广大市民，他们在此休闲娱乐、繁衍生息……这是沉甸甸的北京，是积淀着深厚历史文化的人民大众的北京。看着不起眼儿的一座小院儿都可能承载着几百年甚至上千年的文明。每一块砖瓦都有岁月古远的气息，仿佛上面弥漫着世纪的风云，飘荡着历史的清音……

我是在北京的胡同儿中听着那京腔京韵的各种叫卖声，吃着地道的京味儿小吃长大的。还在我穿着开裆裤蹒跚走路的时候，就整天在院儿里的各家串游；从撒尿和泥、放屁崩坑儿时起，就成天价在胡同儿里玩耍。长大了，娶妻生子、撑门户过日子了也仍然住在这生息与共的四合院儿和充满幽情的胡同儿里，让我怎能不对这里怀有深深的恋情？

随着社会的发展、时代的变迁，北京的社会环境发生了巨变。几十年来，在大刀阔斧的城市建设和危旧房改造中，老北京的城墙、牌楼、胡同儿、四合院儿及其他一些旧建筑是怀旧的人们已经或正在失去的梦。那些作为北京文化历史传承符号的标志性建筑正渐渐远离我们而去。记载了北京城的历史，记录了北京人喜怒哀乐的胡同儿和四合院儿也成片地在推土机的轰鸣中灰飞烟灭。在日新月异的建设大潮中，留住文明，留住历史的呼喊是那么的无力，让人总有一种“无可奈何花落去”之感。

每当我骑着自行车路过一个地方，发现这里正在拆迁的时候，心里就有一种异样的感觉。我也经常在闲暇之时拿着照相机流连在瓦砾和废宇颓基、断壁残垣间，像一个“拾荒者”，努力搜寻着沧桑的碎片和生活中消失了的美好记忆。因为每一条胡同儿，每一座四合院儿，每一座老建筑，每一种地道的京味儿小吃等，都记载着不能忘却的城市记忆，牵动着我倾诉不尽的情思。

为了这不能忘却的记忆，为了曾经美好温馨的老北京不埋没在岁月的风尘里，为了守住我们的精神家园，我以一个老北京人的视角，不揣浅陋地拿笔记述了这么多年在京城的亲身经历和所见、所闻、所思、所感、所忆。这本小书里的一百多篇“手工文章”大都是不计工拙、一吐为快的情感抒发，其中的部分篇章曾在几家报刊发表。文笔粗浅，谬误难免。在此成书之时，就正于专家和读者。

李维基于京华宣南之双卷庐

2015 年 3 月

目

录

皇城根儿下

京城老号

京味儿京吃

–

儿时穷玩儿

–

槐荫闲话

—

皇城根儿下

故宫的金砖

北京的故宫是明、清两个朝代的皇宫。里面的金銮殿则是皇帝受朝见的地方。金者，贵重，尊贵也，所以故宫的宫殿里地面铺墁的砖被称为金砖，也叫京砖，学名叫细料方砖。据有关资料记载，明朝永乐十五年（1417年）明成祖朱棣迁都北京。当时有一名苏州的工匠名叫蒯祥，他负责皇宫（故宫）总体设计。他将南方的建筑艺术用在了皇宫的建设中，采用了苏州彩画等，使宫殿更加富丽堂皇。金砖就是在那个时候开始烧制的。其规格有三种，即1.7尺×1.7尺、2尺×2尺、2.2尺×2.2尺，全是正方形。每块金砖的侧面都有款识，烧制着产地、制作年代、制作者姓名、规格等字样。这些金砖均产自江苏的苏州等七府，烧制金砖供宫里用的窑称为“御窑”。苏州等地都在大运河边上，这里的土质细润、胶体物质多（即是平常说的胶泥）。金砖的制作方法独特，工艺十分复杂严格。据《造砖图书》载，制作过程首先要选土，接下来的工序为捶、晒、推、舂、筛、磨等。然后再经水池中沉淀、澄清、过滤、泡晾、揉踏、造坯，最后放在背阴处阴干。“入窑后，要以糠草烧一月，片柴烧一月，棵柴烧一月，松枝柴烧四十天。凡百三十天而窨水出窑。”烧成后，还得用桐油浸泡。总之，一块金砖的制作过程大约需要一年的时间。要达到无裂缝、色均匀、不缺边角、没有斑渍；要“明如镜、声如磬”，而且每一块正砖都要有五六块副砖以备选用。也就是说，每烧一窑金砖，都有很多富余。

在古代，没有火车、汽车，金砖烧制好后，全靠船只从大运河运到通州，再由陆路运输到京城。金砖运到故宫后的铺墁也是很讲究的，首先要备好黄蜡、江米、炭等，再将金砖加工磨制，叫磨砖对缝。砖与砖对接的缝隙要完全一致，水磨铺墁后再烫蜡。之后，在铺墁完后的砖面上，用生桐油反复擦拭，才算最后完工。

在故宫里铺墁金砖的地方有：太和殿、中和殿、保和殿（这三大殿在明代就已铺墁金砖了）、养心殿、乾清宫、宁寿宫、太极殿、长春宫、景运门、体元殿等。在故宫外，也有皇帝常去的几个地方铺墁了金砖，其中有先农坛的祈谷坛、月坛的夕月坛台面、圆明园的九洲清晏地面等。

这篇小文的前面谈到了当年烧制金砖时，有相当数量的备用砖，所以给后来这些金砖流入民间创造了条件，亦给收藏者提供了机会。自从20世纪90年代初，我国的艺术品拍卖市场成立以来，在京城的一些拍卖会上，时有金砖参加拍卖。我常去看拍卖会的预展，见到的金砖大都是清代中晚期的，其品相有的很好，有的有一些破损。底价也不同，少的几千元，品相上乘，年代早的，像清代早期的金砖，底价在三四万元左右。而至今还没有看到明代的金砖。

老北京 民俗百图

此中国『瞧香』之图也。

病人服药无效，请『瞧香』（人）视（之）。此项皆系妇女，至家进（屋），假托神鬼言语，以促人听，烧香炉中看之，或用药，或许愿，则愈，效否两可耳。

· ·
太和殿内铺设的金砖，光可鉴人

说到底，金砖只是古代的一种建筑构件。类似的还有秦汉时期的砖瓦，这些年出土得不少。而最有名的是汉代未央宫和铜雀台的砖瓦。但是由于年代久远，完整的砖瓦今天是绝难见到了。只有用残破的砖瓦雕琢的砚台。有汉瓦当砚铭文："前世瓦，后世砚，遮风雨，绘文章。子无田，尚可耕。"古代的铜雀台在今河北省界内，其瓦制的砚，细腻、光润，硬如铁石，发墨好，不损毫。而真正的铜雀台瓦砚，今天只见记载而不见实物。汉未央宫瓦砚，至今世上仅存一二。而清代仿制的铜雀台瓦砚，也已珍如拱璧了。

老北京 民俗百图

此中国摆西瓜摊之图也。

每逢夏季，此瓜盛行之际，街市设有桌案，用刀将瓜切块，红瓤黑子名曰『榆次瓜』，白瓤白子名曰『三白（瓜）』。其味甚甜，去暑止渴，零买食之，方便至极。

闲话少说，还谈金砖。本文提到了它用料考究、烧制复杂、工艺精湛。这就决定了它的坚硬、细腻、光亮和沉重。我家藏一块土黄色的汉代“绳纹砖”和一块清代咸丰年间烧制的金砖。年代虽不算早，但因保存不善等原因，边角处多有破损，有一面已凹凸不平。但是它非常重，两个人抬都觉得费劲儿。一块金砖的重量到底是多重，因为没有称过，不太清楚。我估摸着，少说也得有百八十斤。一位朋友到我家串门儿，看见了这块金砖，他说，他有一块金砖砚，是人送给他的一块金砖碎块儿，他自己磨制雕琢成的。一天我到他家去看这块金砖砚，果然坚硬细腻，光滑不渗水。只是不知这块金砖碎块儿是何年烧制，亦不知是如何破碎的。我想它的珍贵程度不逊于铜雀台和未央宫的砖瓦砚。我没有想到的是，这位朋友没过多久，带来了两个人到我家，先说看看我收藏的这块金砖。临走时对我说，这块金砖的品相不太好，没有多大收藏价值，还不如击碎好好儿地雕几块砚台呢，在拍卖会上肯定能赚钱。我先是愕然，继而婉言回绝了。不管怎么说，这是一块完整的金砖。我不知道在我收藏它之前它经历了怎样的风雨沧桑，就在这残破的砖面上，仍然积淀着深厚的历史文化。

金砖是历史的产物，凡是铺墁金砖的地方，大都留有当年帝王和嫔妃的身影和足迹。它虽然是古代的地面用砖，但却象征着封建王朝的皇权与尊贵。

胡同儿、四合院儿

北京人的根与魂

我常常在闲暇之时漫步在那些幽静的胡同儿里。看着那陈旧的门楼、破损的墙面、杂草丛生的屋顶、堆满什物的门道、尽情玩耍的孩童和偶尔听到的婴儿的啼哭……这一切是那么和谐、亲切。这一切展示了北京人宁静、温馨的生活，也构成了古都特有的风貌。

北京的胡同儿起源于13世纪的元大都，借助北京这块文化沃壤而生根，当之无愧地成为北京传统地方特色的象征，散发着浓郁的京味儿。只要谈起北京，必然会联想到胡同儿。

据有关史料记载，元代时北京有“三百八十四火巷”。这就是说，有384条胡同儿。因为胡同儿具有防火的功能，故也称“火巷”。到了明代中期已有1200多条胡同儿了。清代光绪年间有3050条胡同儿。到了20世纪50年代时，京城胡同儿的总数是4000多条。北京的俗话说：“有名的胡同儿三千六，无名的胡同儿赛牛毛。”可见京城胡同儿数量之多。

后细瓦厂胡同儿内一座四合院儿的如意门脸

门楼上的精美砖雕

老北京 民俗百图

此中国插扇面之图也。

每年立夏之后，其人膊『贯』扇柜，上建一竿，扎系线绳，拴串铁铃，沿街走，步步行之，其铃摇响，令人知其插扇面的来。

· ·
大户人家四合院儿里五间开的正房

在860多年悠久的建都史中，胡同儿是北京人的根，这些胡同儿都有它自己的故事、传说，这里面积淀着深厚的历史文化。而这些胡同儿中的四合院儿，则是北京人的魂。

四合院儿是一种封闭型的建筑群体，是我们中华民族的一种独特的建筑形式，是典型的传统民居。它的建筑规格是有严格等级的。封建帝王居住的故宫实际上是一种超大型的四合院儿。其次是王府，也是一种大型的四合院儿。那些散落在几千条胡同儿中的中、小型四合院儿却是数量众多。因居住者阶层等级不同，四合院儿里房间的数量也不一样。一般民居为正房、倒座房各3间（不含门道），东西厢房各2间。还有中型的是正房、倒座房各5间，东西厢房各3间，或正房、倒座房各7间，东西厢房各5间的等。亦有带跨院儿和后花园儿的。有一进，还有多进院落的四合院儿。

这些布局严整敞亮的四合院儿大约始于辽代。我们现在看到的除了少数明代的四合院儿外，大部分是清代及民国年间建造的。院儿里方砖墁的甬道，磨砖对缝的青堂瓦舍、垂花门、回廊和影壁等，都蕴含着深厚的传统文化。正是这成片的胡同儿和四合院儿组成的棋盘式的构造和以紫禁城为代表的皇家园林，构成了北京的一大特色，也是京味儿的重要部分。

这些年随着社会的发展，人口的增多，由独家居住的四合院儿逐渐演变成了多家居住的大杂院儿。20世纪七八十年代，由于有些家庭人口多，居住面积拥挤，搭盖小房之风日盛。随后连锁反应，家家仿效、见缝插针、乱接滥盖，从而破坏了四合院儿的格局，再加上这些房屋年代久远，这就形成了大杂院儿一乱、二破的特点。而保存完好、原有格局一点儿没动的四合院儿已经为数不多了。

我是在南城琉璃厂附近的一条胡同儿中长大的。还在我穿着开裆裤蹒跚走路的时候，就在院儿里的各家转悠，从撒尿和泥、放屁崩坑儿时起，就整天在胡同儿里玩耍，怎能舍得了这生息与共的大杂院儿。又怎么能不留恋那充满幽情的胡同儿？这是一名老北京人的情怀呀。那年我在琉璃厂“荣宝斋”看到了日本著名画家村田茂树举办的《中国风情画展》，他在展览的前言里写道：“……充满恬静生活气息的民房，使我想到，随着经济的发展，日本已失去了这些景象，心里不免有些凄凉。”画家面对北京的胡同儿和民居发出了这样的感慨。在这个画展上村田茂树就有5幅作品画的是北京的胡同儿与四合院儿。他还在画展期间到琉璃厂附近的胡同儿里去写生。

是的，随着经济的发展、生活的变迁，京城这些年进行的大规模的危旧房改造和城市建设，使成片的胡同儿被从地图上抹掉；大

老北京 民俗百图

此中国唱大鼓书之图也。

其人或在大街『摆档』，或富户叫去说书唱曲，以度日也。

井楼胡同儿里一座四合院儿
大门上还镶着一对铜铺首

量的四合院儿和有纪念意义的旧建筑在推土机的轰鸣中灰飞烟灭。据报载，1950年前后，四合院儿的面积为1700万平方米，到1990年尚存400万平方米，目前仅存300万平方米。而京城的胡同儿现在只剩下了400余条。

每当人们告别了居住了几十年的小胡同儿和四合院儿，结束了和街坊的睦邻关系，住进了那“与世隔绝”的高楼大厦时，不少人禁不住热泪盈眶。人们对小胡同儿与四合院儿有着深深的恋情。

胡同儿和四合院儿就是北京人的根与魂。

门墩儿

——

民间的石刻艺术

门墩儿即门枕石，也叫门鼓、滚墩石。有扁圆形、节箱形（长方）等。因扁圆形像鼓，又称抱鼓石。门墩儿是四合院儿建筑的组成部分，它的原始功能是起支撑院门的作用，是为了门闩稳固、防止院门晃动，很符合力学原理。因为它在大门外，与门槛、门首儿、石敢当等一样，是按人们镇守门户、祈吉求祥等心理，依照风水理论设置的，所以也属镇物类。

老北京 民俗百图

此中国冲磨之图也。

其人手艺与石匠不同行，如杂粮店磨有迟钝，找此人修理，以为『玲珑』，轧面即细。

据有关资料记载，早在商周时代就有门墩儿出现了。到了金中都和元大都时，门墩儿便开始广泛修造和在建筑上使用了。明、清两代更是门墩儿的繁盛期，几乎家家户户门前都有形态各异的石门墩儿。北京有800多年的建都史，而门墩儿风风雨雨地在各个角落蹲踞了这么多年，是历史的见证。而且除了建筑功能外，门墩儿还是装饰物，具有一定的观赏性。它还反映出了一定的封建等级礼制。王府及文武官员、书香门第、商家和普通民居门前的门墩儿绝对不一样。

门墩儿这种石刻艺术品在整体造型上也多种多样。上面的花纹图案丰富多彩，有带兽、不带兽的，有两层、三层的，有人物、动植物的，有博古、云头、回纹、暗八仙、万字纹、盘长结的，有象征事事如意承载美好祝愿的。例如：狮子绣球、竹梅双喜、连年有余、五福临门、福禄寿、福在眼前、三阳开泰、岁岁平安等。还有表现财源茂盛的，像刘海戏金蟾等。这些雕刻精美的门墩儿蕴涵着老北京人不同的期望和希冀，从一个侧面反映了当时社会文化状况和民俗风貌，有很高的艺术价值、文物价值和民俗价值。作为石刻艺术的代表，中国的门墩儿在世界上是绝无仅有的。从丰富的精美图案中可以领略到民族文化的精髓，门墩儿承载了我国的璀璨文化，是文物宝库中的一部分。

门墩儿的石质有汉白玉、青石等。有些门墩儿大人们抚摸观赏，孩子们经常在上面骑着玩儿。久而久之，摩挲处光润细腻。但是那些年代久远的门墩儿，随着历史的变迁、风雨的剥蚀更让人体味到了岁月的沧桑。

这些年来，北京在大规模的危改和城建的大面积的拆迁中，不知有多少条胡同儿消失了，四合院儿被推成了平地。大量的门墩儿散落在工地上，随同房渣土一起被填埋在低洼地里，或被改做别

老北京　民俗百图

此中国抽糖人之图也。

其人用白糖做成人物、禽兽，每售卖时，用竹签三十二根，上刻骨牌点，装入竹筒令抽之，如成副为赢，不成副为输，糖物上面栓挂牌点名色，对点即赢也。

两种节箱型的门墩儿，
上面雕刻着四季花卉

的用。我这人有一个爱好，即闲来无事爱骑着自行车逛京城的大大小小的胡同儿。我发现原崇文区兴隆街草厂地区是个京味儿京韵浓厚的所在。这个地方在明代建都以后是皇家的草料场，专供皇城御马房饲养马匹、存放草料的场所，后来废弃不用了。但因这里地势宽敞，一些外地来京做生意的人便在这里盖起住宅，形成了一个居民区。有草厂一至十条，共十条胡同儿。四合院儿门前的门墩儿大都保存完好，尤其是草厂三条，整条胡同儿明、清风格的四合院儿一户挨一户，大门古朴、平稳，门前的石门墩儿雕刻精美、风格各异。有明代的方墩石、清代的抱鼓石等。让人扼腕叹息的是，这条古色古香的门墩儿一条街和这一地区的很多条胡同儿在原崇文区整片的拆迁中，永远地消失了。那些精美的古门墩儿不知流落何方。往好处想，这些门墩儿可能被收到了博物馆保护了起来，或是被私人收藏家搬回了家里。这总比被遗弃好得多。另外，这几年在潘家园等几个旧货市场上看到有石门墩儿出售，像清代及民国年间的，品相好的卖几百元一对。年代再早的雕刻精致的，一对价千元左右。但是，我总在想，这是石门墩儿应该待的地方吗？门墩儿离开了四合院儿和大门还有什么意义呢？无可奈何花落去，拆迁就是这么残酷。众所周知，古都失去的不只是这小小的门墩儿啊。

草厂七条内的一对老门墩儿

两种雕刻精美的扁圆形门墩儿

老北京 民俗百图

此中国串铃卖药之图也。

其人系江湖之土郎中，微通医数，明点药性，口有佞才，即往各省游艺，一手持串铃摇动，一（手持招牌上写药名）不等。看病时，目视其色，言能变化，尚带卖药，无非求衣食也。

门联儿

胡同儿文化精粹

门联儿是雕刻在四合院儿大门上的对联。它的起源和四合院儿同步。

到了明、清及民国年间，更是十分普及，几乎每座四合院儿的大门上都有书体不一、内容各异的门联儿。四合院儿的大门都是两扇，右首那扇门为上联，左首那扇门是下联。这种形式的对联大都没有横批。它与门墩儿一样，是四合院儿和胡同儿文化的重要载体，文化底蕴十分深厚。一般来说，四合院儿门前有门墩儿的，其大门上都有门联儿。这些年随着京城大规模的拆迁改造，门联儿与门墩儿一样，越来越少，逐渐远离了我们的生活。

老北京 民俗百图

此中国吹糖人之图也。

其人挑木柜两个，一头上扎一架，糖熬化成汁，用模子两块合在一处，用力吹之，能成禽兽人物，幼童纷纷争买也。

实际上，这种门联儿是诗文、书法、木雕和漆色合为一体的艺术品，制作工艺极精。它使用的木材都比较坚硬厚重。常用的有榉木、楸木、松木等。漆色也均匀沉稳，用几层腻子打底，由多道大漆油成。形式有黑漆底红字，红漆底黑字，还有一种黑漆底门心儿为红色，上面再书黑字，更显庄重雅致。门联儿的内容丰富且句型严谨，对仗工整，平仄严格。真不知道这些门联儿的作者是谁。谈到书法，作为中国传统艺术，有着广泛深厚的群众基础。门联儿因为没有落款儿，所以不知都是何人所写。以楷书行书居多，偶尔也能看到隶书和篆书。这些门联儿，行笔或凝重端庄，或俊秀飘逸，或苍劲厚重，或气势恢宏，功力十分了得。作为有半个书法家之称的刻字工匠来说，雕工亦非常细腻精湛，能够忠实地表现出原字的神韵。这种四合院儿的门联儿和大街上商家店铺的牌匾一样，是书法艺术长久公开的展示，使幽静的胡同儿更增添了典雅的氛围和浓郁的京味儿。

粉房琉璃街内某四合院儿的大门对联——为善最乐，读书便佳

京城四合院儿的门联儿，现在能够看得清楚的大都有百年以上的历史，也有一些是民国年间的。而那年代更久远的门联儿，历尽风雨，饱经沧桑，大门上的油漆已经成片地脱落，有的漆皮呈皴裂状，字迹斑驳不清，已看不清门联儿的内容，有的甚至露出了木材的本色。凡是这种大门，跟它相依为伴的门墩儿也是风化破损严重。但虽然如此却极具历史内涵，每当我看到这些的时候，思古之幽情便油然而生。

门联儿都是用繁体字书写雕刻的，因本人才疏学浅，有的字不认识，也有的门联儿只剩下了几个字，还有的上、下联儿的字均不少，只是模糊不清，只能仔细端详揣摩。而京城有的地区把这种大门一律刷上了棕红色的油漆，使本来古意浓厚的大门变得毫无特色，令人非常遗憾。这些年我骑车串胡同儿寻门联儿，发现有些是重复的，就是在不同的胡同儿，不同的院门上，发现有同一副门联儿。像最常见的："忠厚传家久，读书继世长""忠厚留有余地步，和平养无限天机""守身如执玉，积德胜遗金""忠厚培元气，读书发异香""为善最乐，读书便佳""立德齐今古，藏书教子孙""礼乐家声远，读书世泽长""持家遵古训，教子有义方"，等等。这些门联儿的内容都是相近的，体现了人们对传统文化道德及修身养性、立德求知的推崇、传承和尊重，也反映了那个时代人们的追求与希望。

京城有些小型四合院儿，像西城区石碑胡同17号的门联儿："子孙贤族将大，兄弟睦家之肥"；西城区兴胜胡同13号："平安是福，和乐为春"；西城区培英胡同33号："门庭清且吉，家道泰而昌"等，一看便知，这是个殷实、和睦的小康之家。这种生活也是寻常百姓追求和向往的，他们没有奢望，知足常乐。"经营昭世界，事业宸寰球"，这是我在东城区长巷头条看到的一副门联儿，不用问，这里曾经是个经商的家庭。"增得山川千亿利，茂如松柏四时春”，这是钱市胡同儿一家银号的门联儿。东城区中芦草园×号的门联儿：“国恩家庆，人寿年丰”，字里行间洋溢着欢乐幸福之感。东城区銮庆胡同14号：“清华词作云霞彩，典重文成金石声”，这是文人墨客家的门联儿。

老北京 民俗百图

此中国打蛋雀之图也。

有（诸）鸟名：灰色是『梧桐』，黄色是『蜡嘴』、又名『蜡嘴粉红』，能教打蛋。用骨做成子，如往上掷二三丈高，其鸟用嘴接住，有连打三个者，甚妙也。

粉房琉璃街内某四合院儿门联儿——国恩家庆，人寿年丰

东新帘子胡同内某四合院儿大门门联儿——子孙贤族将大，兄弟睦家之肥

我在平时的寻访中记录了一些门联儿，现摘抄几联儿以供同好欣赏：东南园49号："历山世泽，妫水家声"；豆角胡同11号："努力崇明德，随时爱光阴"；新街口四条×号："芝兰君子性，松柏古人心"；新街口板桥二条5号："卜居积水，世守研田"；长巷四条16号："前程锦绣，马到功成"；大乘巷37号："世纪民国、四槐人家"；草厂二条26号："宗高惟泰岱，德盛际唐虞"；草厂四条25号："古国文明盛，新民进化多"；护国寺75号："圣代即金多雨露，诸君何以答升平"；钱市胡同10号："聚宝多流川不息，泰阶平山日之升"；洪福胡同14号："凤藻池丹陛，龙光锡紫宸"；兴胜胡同12号："瑞霭笼仁里，祥云护德门"；长巷三条41号："万象晃归仁寿镜，五云随落吉祥花"；后细瓦厂21号："礼乐百年承燕翼，诗书千载荷龙光"；南小栓胡同3号："岁绵新甲子，德厚富春秋"；西松胡同1号："传家有道唯存厚，处事无奇但率真"；宫门口横胡同1号："和风甘雨，景星庆云"；东不压桥41号："崇为善本，德是福基"；雨儿胡同14号："德义渊闳，履禄绥厚"……

门联儿与门墩儿及门楼儿、砖雕等，均在四合院儿的大门外。所以构成了胡同儿一道独特的风景，是京味儿文化的重要组成部分。这些年京城持续不断地拆迁，胡同儿和四合院儿的数量骤减。不知有多少门联儿还没来得及记录下来，一夜之间便消失了。今后只能在博物馆里去逛胡同儿、赏门墩儿、品门联儿了。

粉房琉璃街上某四合院儿大门门联儿——忠厚传家远，诗书继世长

一尺大街

和

神州第一街

老北京 民俗百图

此中国打连湘之图也。

其人乃戏班优（伶）扮成女子，手拿竹板、彩扇，用竹竿一枝，挖小孔，安铜钱数个，各为霸王鞭，在手中飞舞，或竹板上独立，口唱歌词，名曰『打连湘』。

北京的街巷名称，我发现有一个特点，即叫××大街的，未必是宽阔的大马路，其往往是条小胡同儿。称什么胡同儿的，也不见得就是窄小胡同儿，很可能是条规整的街道。从名称上无法界定它是大胡同儿还是小大街。据有关资料记载，在元代时对于京城的胡同儿街制均有规定：大街宽24步，约38米；小街12步，有19米左右；胡同儿是6步，大约10米。经过几百年的变迁，这种规定早已有了很大变化，已不适用于今天的街巷了。

京城最短的大街一尺大街，现在已经是杨梅竹斜街的一部分

北京有一条最短同时也是最窄的大街，叫一尺大街，顾名思义，它的地界儿确实不大。具体位置在东琉璃厂东头儿往南拐一点儿，桐梓胡同东口儿至樱桃胡同北口儿，东西走向的一小段路。长只有10米左右，宽约有4米。20世纪60年代初，全市地名调整时，将其划入了东面的杨梅竹斜街，而这条斜街其实也是条大胡同儿。

众所周知，北京最长、最宽的大街是著名的长安街，被誉为“神州第一街”。中华人民共和国成立后，长安街的概念是复兴门到建国门。当时被称为十里长街，它的路面宽阔、平展而且笔直。最宽处有七八十米，是北京的交通大动脉。从1998年开始，长安街及延长线开始改造、整治。从公主坟到大北窑，延长到13公里。一年多以后，长安街及其延长线再向西延长至首钢东门；向东延伸到通州运河广场，全长约44公里。这条街最宽处达到100多米，一般的路段宽都在六七十米左右。同时长街最东端的通州东关大桥以东，建成1000亩运河绿化广场。长街最西端的首钢东门，建了一个街心喷泉公园。这条京城最长的大街串起了二环、三环、四环、五环，成了京城路网的“百路之首”，也是全国之最，就是在世界上也是罕见的。（另据报载，长安街还将再向西延，最终抵达门头沟的三石路，总里程达53.4公里，届时将成为名副其实的百里长街。）

胡同儿之最

老北京 民俗百图

此中国打太平鼓之图也。

乃是用骡马之皮鞔（在）铁圈上打之，有『一登一』、『夹篱笆』名色。打鼓之人乃系游手好闲之人，冬月击之。女子有击此鼓者，多系潮人也。

来自蒙古语的胡同儿二字，可以说是北京特有的专用名词。在我国其他地方的街道，大都称为街、道、路、里、巷、弄等，而北京却称为胡同儿。它的原始功能是防止火灾蔓延，起防火隔离带的作用，所以最早称为“火巷”。在元朝的著作里，讲到元大都的“街制”时写道：“三百八十四火巷”也即是说，那时的京城只有384条胡同儿。到了1949年前后，京城胡同儿的总数为4000余条。这个数字在全国所有的城市中都是最多的。不仅如此，北京的胡同儿除了特定的人文特色外，还具有鲜明的地理特色。

北京的大街、胡同儿，规划整齐和棋盘一样。其方位大都是正东、正西、正南、正北。由于地理等方面的原因，也有为数不多的几条斜街，像棕树斜街、樱桃斜街、杨梅竹斜街、上斜街、烟袋斜街、白米斜街等。最长的斜街大概要数下斜街和铁树斜街了。

北京最古老的胡同儿是西城区的砖塔胡同，元代时就有，距今已有八百多年历史了。据资料记载，元朝李好古的杂剧《沙门岛张生煮海》第一折中的侍女说：“你去兀那羊市角头砖塔儿胡同总铺门前来寻我。”这句台词即证明了砖塔胡同在元代就已存在。

北京最长的胡同儿是东、西交民巷，明代时叫东、西江米巷，是与长安街平行的一条东西走向的胡同儿。从崇文门内大街往西，到北新华街。因中途隔着天安门广场，所以被划分为东交民巷和西交民巷。全长约有6.5公里，宽10余米、最窄处也有8米多。它还穿过几条南北走向的街巷，像大会堂西侧路、广场东侧路、正义路等。这条胡同儿充满了异国情调，尤其是东交民巷，这得从头说起。

1901年，八国联军攻占北京后，强迫清政府订立丧权辱国的《辛丑条约》，其中的一款规定在北京设立“使馆区”。

范围是东起崇文门内大街，西至天安门广场东侧路，南抵城墙，北到东长安街路南。在该区域内，外国人建使馆、兵营等。这些建筑均带有浓郁的西洋风格。1949年以后，除了城市建设拆除的外，现东交民巷保留下来的外国使馆建筑群，被列为全国重点文物保护单位。其中有日本公使馆旧址、法国使馆旧址、花旗银行旧址、东方汇理银行旧址、正金银行旧址、法国邮政局旧址、圣米厄尔教堂等。西郊民巷曾是北京的“金融街”，曾有多家银行选址于此，现在还有保商银行旧址、大陆银行旧址等。东、西交民巷是全市所有胡同儿中，保留外国建筑物最多的胡同儿。今天的这里已被开发为青少年爱国主义教育基地。

京城最宽的胡同儿是西城区的灵境胡同，东起府右街、西到西单北大街。宽有33米左右，与其西面的辟才胡同一样，叫胡同儿，其实是条大街，它在京城所有叫胡同儿的地名中是最宽的。因此，灵境胡同也算是北京最宽的胡同儿了。路拓宽了而地名依旧，就会造成这种局面。在明代时，灵境胡同是安富坊和小时雍坊的分界处。该胡同儿的33号、41号等门牌里是有相当年份的大宅院。

老北京 民俗百图

此中国打糖锣之图也。

其人小本营生，所卖者糖、枣、豆食、零星碎小玩物，以为哄幼孩之悦者也。

东交民巷内的原日本公使馆旧址

除此之外，在北京众多的胡同儿中，不光是直的，还有曲里拐弯儿的。北新桥有九道弯胡同。实际有20多道弯，分成了东、西、南、北、中共五巷。分别叫九道弯东巷、九道弯西巷、九道弯南巷、九道弯北巷、九道弯中巷。还有南长街、北河沿、廊房头条、香炉营头条、崇外磁器口、前门外校尉营等。在这几个地界儿都有一条九道弯儿胡同。这里单说前门外校尉营的九道弯胡同，它现名九弯胡同，原名九曲弯。明代时叫般若寺胡同。东起铺陈市胡同，弯来拐去就到了校尉营胡同交汇的地界了。民国时改名九道弯儿。该胡同儿全长300多米，最宽处4米左右。有直角死弯儿、缓角活弯儿、大斜弯儿、小斜弯儿共13处之多。步行其间趣味盎然，大有曲径通幽之感。此外，北京还有八道弯儿胡同4处，分别在东四马大人胡同、新街口前公用胡同、甘水桥和磁器口。

· ·
京城最窄的胡同儿——钱市胡同

京城里最窄的胡同儿也有好几条。例如，高筱胡同最窄处65厘米，小喇叭胡同58厘米；前门外珠宝市胡同里面路西有一条死胡同儿叫钱市胡同，长50多米，最窄处仅44厘米。别看它这么窄小，它可是旧京时的金融街。胡同儿的南、北及顶到头儿的西面，共有八九个门儿。尽头儿是一个带罩棚的庭院，这是旧京时京城著名的银钱交易所。据悉，作为金融街，钱市胡同早于西河沿和施家胡同，最早铸造银锭的炉行就在这里。路北的几个门儿都是两三层的小楼。南面均是平房，是清代炉行最集中的地方。民国后期炉行萧条，改成了银号铺房。但钱市胡同最早最完整的金融中心的地位是动摇不了的，在中国金融史上是有其重要意义的。这样一条窄小的胡同儿中，曾经有过多家金融机构，这在北京的胡同儿中也可谓一大奇观。

厂甸儿·海王邨·琉璃厂

老北京 民俗百图

此中国道士化缘之图也。

手持铜钹一扇，身背木牌一块，上画画像，旁拴练锁并小磁娃娃等，沿街敲钹募化。有施主舍香钱，无子息妇女用钱（拴）其娃娃，可得子嗣也。

地处南城和平门外的厂甸儿，以历史悠久、规模盛大的春节庙会闻名遐迩。

厂甸儿是个地名，它的街面不大。按照从前的划分，海王邨公园（现在的海王村古玩市场）门前的小广场及其东侧和北侧，宽也就八九米，长不过百米的两条胡同儿叫厂甸儿。20世纪60年代初，北京市的街巷名称做过一次调整，将海王邨门前的小广场划入了东琉璃厂。早以，东琉璃厂的西端只到小沙土园北口处。所以现在的厂甸儿就指的是那两条胡同儿了。

记得20世纪50年代时，厂甸儿路南，从西往东的几个店铺依次是：

“博古斋”文具店、“信远斋”干鲜果品店、“天成”诊所、“汲古阁”文物复制品店、“文路堂”古旧书店等。路东是：“龙顺居”饭馆，几个宅院儿和一座始建于明代的庙宇“吕祖祠”。而当时海王邨公园没被电信局占用之前，除了民居以外，就是一些古玩字画店和古旧书铺、古琴铺等。

从前的海王邨公园现在是中国书店和海王村古玩市场

厂甸儿这个地名起源于明代，因为当年这里有几处窑厂，地理位置又是郊外，窑厂之间的空隙地带即称为厂甸儿。说起这些烧制琉璃瓦的窑厂，先得从海王邨谈起。

据史料记载，在唐代时，现在的南城一带叫燕夏乡。而海王邨是燕夏乡的一个很大的村落。在辽时地处城之东郊，往东至现在的广渠门一带，东北方向大约到东单，西达西四附近，南抵陶然亭迤南。在这个地区，辽、金时的古刹很多。像延寿寺、土地庙、悯忠寺（法源寺）、接待寺、竹林寺、玉虚观、报国寺、昊天寺等。这些寺庙佛事兴盛、香客云集。所以海王邨曾经是个热闹繁华的地界儿。

到了元朝，修建大都城及皇宫时，需要大量琉璃瓦。就在海王邨内现在的琉璃厂地区，设窑烧制彩色琉璃瓦（黄、绿等色），共有4个窑厂。在今黑窑厂一带烧制黑色琉璃瓦。实际上元大都只存在了80年就被徐达率领的军队攻破。

明朝建立后，在永乐年间，在元大都城“大明、兴圣、隆福”三宫的基础上开始兴建紫禁城、西苑（北海、中南海）等建筑。需要大量琉璃瓦。此时窑厂也由大都时的4处增加到了8处。这座建筑雄伟壮观、金碧辉煌的宫殿群，工程浩大、民工众多，兴建时间之长，均是史无前例的。虽然故宫于1420年基本建成，但琉璃瓦及一些琉璃器件的烧制，在整个明代200多年的时间里，始终未曾停止。现在的北京师范大学附中、南新华街路西原师范大学旧址等地，在后来的施工中，都曾挖出过大量破损的琉璃瓦和一块上面有“琉璃厂窑”字样的琉璃质的匾牌，证明了这几个地方都是曾经的琉璃窑。

另外，沙土是烧制琉璃瓦必不可少的材料。当时堆放沙土的地方，现在叫大沙土园和小沙土园，这就是位于琉璃厂南侧的这两条胡同儿名称的由来。海王邨公园里则住着烧窑的工匠们。东、西北园，东、西南园这几条胡同儿当年是供窑工们吃菜专门开辟的菜园子。其他像附近的台基厂是存放烧窑用木柴的，大木厂是码放木材的等。到了明末清初的时候，窑厂一带也因多年在此烧制、码放琉璃瓦逐渐形成了一条东、西走向的街道,由此得名琉璃厂。

应该指出的是，琉璃厂地区在明、清时为“地基宏敞，树林茂密，浓荫万态，烟水一泓”的风景区。至于琉璃厂怎么成了著名的文化街，海王邨公园里的古玩字画儿店如何鳞次栉比，那都是康熙年间以后的事了。

总之，就这几个地界得名先后来讲，海王邨和厂甸儿要早于琉璃厂200多年。虽然厂甸儿与琉璃厂离得很近，但毕竟是两个地方，不能混在一起。那种“琉璃厂厂甸儿”的说法是不妥的。

老北京 民俗百图

此中国蹬梯子之图也。——多为女子所演。用桌一张，其人躺于上面，两足将梯子蹬立，幼童起梯子档中翻转上去，戏耍各式玩艺，甚是奇巧。其女子又能蹬抡大缸等物，名曰『女斤斗』也。注：起，口语，『自』『从』之义。

厂甸儿庙会

庙会是人们春节期间娱乐、休息的重要场所。旧时，有庙宇就有佛事，有佛事就香客云集，这就招来了做生意的商贩，于是就形成了庙会。

逛庙会在北京有悠久的历史。过去春节期间开放的有厂甸儿、白云观、大钟寺、隆福寺等八大庙会。在这些庙会中，尤以厂甸儿庙会最负盛名，其规模之大、时间之长（农历正月初一至十五，一直持续到20世纪60年代初）是其他庙会所无法相比的。

现在的吕祖祠早已成了破败的大杂院儿

一般的庙会只有一座庙宇，而厂甸儿庙会有三座庙宇，即：火祖庙、吕祖祠和土地祠。火祖庙又名火神庙，位于东琉璃厂路北，始建于明朝，清乾隆四十一年（1776年）重修。吕祖祠在厂甸儿7号，始建于明朝，清道光庚戌春（1850年）建山门一座、游廊九间；同治丁卯（1876年）重建；现为民居。土地祠位于南新华街路西，明朝万历三十八年建，20世纪40年代末改为南新华街小学，一直到20世纪80年代中，此庙全部拆除，在其原址建了原宣武区实验幼儿园。这三座庙宇都是明朝建，所以厂甸儿庙会始于明朝，盛于清、民国。1949年以后规模更是空前，年龄在50岁左右的人，都会记得当年厂甸儿庙会的盛况。

庙会通常都是以庙宇的名称命名，而厂甸儿则是个地名，它的街面不大，海王邨公园（今古玩市场）门前及其东侧的一条长一百多米、宽不过七八米的胡同儿叫厂甸儿。由于这三座庙宇相距很近，而且都在农历正月佛事兴盛，人群和商贩的摊位连在了一起，所以称为厂甸儿庙会。这也是厂甸儿庙会规模最大、时间最长的一个主要原因。在1949年以前，这三座庙宇就没有了佛事，但这一庙会形式一直流传了下来。

每当厂甸儿庙会期间，在东、西琉璃厂，大、小沙土园，南新华街及海王邨公园、厂甸儿等地，设立几百个摊位。那嗡嗡的空竹声使人振奋、哗哗的风车响令人神往，各种风味小吃叫人垂涎，插着小彩旗的大糖葫芦及熏屋子的香草，人们更是争先购买。“拉洋片”的摊位前孩子们笑声不断，买风筝的人们络绎不绝。儿童玩具、日用百货一应俱全……而最具特点的是琳琅满目的珠宝玉器、古玩字画和经史子集，应有尽有的各类古旧书籍。这一大特点是与琉璃厂文化街就在庙会地区之内有直接关系的。这就使厂甸儿庙会不同于其他庙会，而具有高雅的文化特色。

每当厂甸儿庙会的最后一天，即正月十五的晚上，在东琉璃厂西口儿的开阔地界儿，燃放“盒子”“三角儿”等大型烟花。燃放者是在厂甸儿庙会上摆摊儿卖烟花的人。在庙会末天的晚上，把卖剩下的烟花燃放一部分，以此庆祝元宵灯节及表示厂甸儿庙会圆满结束。观者甚众，使庙会欢乐的气氛达到高潮。

老北京 民俗百图

此中国点蒿子灯之图也。

七月十五，以蒿子一棵，上以纸条，内裹包许多香头，以火点之似星星。又有用荷叶一个，中心插蜡，名曰荷叶灯。俱系婴（小）儿玩物。

厂甸儿这个地界儿不大，可是它紧临琉璃厂文化街，这就是庙会具有文化特色的主要原因。东、西琉璃厂经营古玩字画儿、古籍善本、文房四宝、碑帖印章等的店铺一家挨一家。每当庙会期间，这些商家都走出店堂，择地集中设摊儿，除了日用百货、儿童玩具、风味小吃，等等，便是整条街或是满胡同儿的艺术品摊拉。

记得20世纪50年代时的春节厂甸儿庙会，卖古籍善本的几十个摊儿，全部集中在海王邨公园东侧的一条南北胡同儿里（胡同儿名叫厂甸儿）。我知道的一些文化名人，像郭沫若、老舍、吕振羽、柴德赓、阿英、冯至及余逊等，均被那经史子集等各类古旧书籍吸引，曾不止一次地光顾厂甸儿庙会的旧书摊儿。我还记得有一位书画篆刻皆精，尤擅长山水画的著名画家王静庐，每年都在厂甸儿庙会上摆摊儿挥毫作画，一幅一尺乘两尺的设色山水画只收五毛钱。他的山水书签可为小品中之小品，十分精美，每张五分钱。直到现在我还收藏着当年逛厂甸儿庙会时买的几张书签。

王静庐先生可以说是中华人民共和国成立后第一位搞书画表演的人，尤其是在厂甸儿庙会这种游人众多的场所，影响较大，为普及书画艺术做出了贡献。有一次，我和好多人围着看王先生作画，这时来了两位学者风度的人，只见他们分开众人与王静庐先生握手寒暄，互致问候，原来这二位是中央美术学院教授，著名画家陆鸿年和黄均先生。

还记得有一位在庙会上表演面塑的民间艺术家、中央工艺美术学院教授、“面人郎”——郎少安先生。他的面塑作品十分生动，技法娴熟之极，购买者只需稍等片刻，一个栩栩如生的面人便出现在他的面前。

1958年时的厂甸儿庙会上，画家王静庐当场画的书签

老北京 民俗百图

此中国顶宝塔碗之图也。

其人用小碗反正攒在一处，高约五寸，顶在头上，能跪、舞、上桌子、扳板凳，玩耍各样技艺。

“金山银山花果山，五湖四海好荘田。年年岁岁大丰收，一天赛过二十年。”这首有四段歌词的“大跃进”时期的歌曲《一天赛过二十年》，曾在20世纪50年代末在北师大附中的操场上飘荡。原来这是中央音乐学院在厂甸儿庙会期间举办的面向基层大众的演出。每天上午、下午各一场，票价五分钱。其中有著名钢琴演奏家刘诗昆的钢琴独奏、著名女高音歌唱家郭淑珍的独唱等。艺术家们不顾天寒地冻，在操场上露天为欢度春节的人们表演精彩的文艺节目，受到了热烈的欢迎。

“忆往昔峥嵘岁月稠”，我爱逛现在的庙会，但我更向往儿时的厂甸儿庙会。它不但给了我欢乐，也给了我文化艺术的熏陶。

琉璃厂

琉璃厂春秋

中外闻名的琉璃厂文化街有着悠久的历史。它是古玩字画、古籍善本、碑帖印章、文房四宝等的集散地，亦是文人墨客云集之处。“琉璃厂畔逐文人，古玩般般列肆陈。汉玉唐碑宋元画，居然历劫见风尘。”清末褚维垲的这首竹枝词，描绘出了当年琉璃厂繁华的景象。

古代时，这里是有树有水的郊外，那时琉璃厂地区的大致范围是东到五斗斋，西至方壶斋，北临西河沿，南抵臧家桥迤南及前孙公园、虎坊桥一带。是“地基宏敞，树木茂密，浓荫万态，烟水一泓”的地界。从遗留下来的地名，如西河沿、臧家桥等来看，这里确实有潺潺的流水。这样一个风景宜人的优美所在，自然会引人瞩目、让人流连。

于是，一些外地在京为官的人告老后，在此择地而居。而一些落榜举子也无力还乡，与住在宣南会馆中的一些同乡学友等一起，在琉璃厂以文会友，舞文弄墨，谈诗论画。亦有设摊儿出售文房用具、纸张古董者。久而久之，文脉通盛、兴旺发达起来。实际上，早在康熙年间编《古今图书集成》时，这儿就已形成了街市。而清初时一年一度的灯市也从灯市口移至此地，再加上明代就已有的厂甸儿庙会，琉璃厂就更加热闹繁华了。到了乾隆三十七年开馆编纂《四库全书》时（1772—1782）琉璃厂光是书铺就有30多家，文化街已具相当规模。从乾隆时的进士、内阁学士翁方纲在《复初斋诗注》中的记载："褚臣每日清晨入院，设大厨供茶饭。午后归寓，各以所校阅某书应考某典，详列书目至琉璃厂书肆访之。"从中可得之，200多年前琉璃厂书铺中的藏书就已相当丰富了。

老北京 民俗百图

此中国端技勇石之图也。

——

其人每逢考试之期，必演弓刀、技勇石、马步箭，如合格者取中作为武进士也。

如今的琉璃厂，仍是一条古玩字画街

多少年来，琉璃厂以它悠久的历史和深厚的文化底蕴不仅吸引了像翁方纲、翁同龢、潘祖荫、吴大澂等清代一些官员和在翰林院任闲差的读书人，更有众多的文人雅士甚至包括一些外国的学者，也经常光顾琉璃厂，成了这里的常客，有些人还和店主成了朋友。到琉璃厂来购物、读书、赏古，感受它浓郁的文化氛围，几乎成了这些人的共同雅好。其中有吴梅村、王士祯、陈廷敬、宋琬、陈维崧等。乾隆年以后的文人有戴震、钱大昕、周永年、曹溶、赵执信、朱筠、李文藻，等等。晚清以后及民国以来的学人墨客有康有为、梁启超、周肇祥、胡适、付增湘、叶恭绰、张伯英、朱文钧、陈垣、邓之诚、郑振铎、容庚、谢国祯等人。还有一些文人就住在宣南地区、琉璃厂附近。如梁梦龙的朝爽楼、孙承泽的研山堂、纪晓岚的阅微草堂、李笠翁的芥子园、朱彝尊的古藤书屋等府第，如今只有阅微草堂尚有迹可循，其他早已不复存在了。在这人文荟萃之地居住的还有王渔洋、程晋芳、姜宸英、吴伟业、邵飘萍、林白水等。近现代的不少文人、学者，像胡适、周作人、陆宗达、启功、余嘉锡等及多位戏曲名家，他们也与琉璃厂有着千丝万缕的联系。而伟大文学家鲁迅更与琉璃厂有着不解之缘。

据史料记载，鲁迅从1912年到1926年共在北京生活了14年。曾在教育部任职。后又在北京大学、北京高等师范学校等处任教。同时从事编译及文学创作和其他社会活动。在这期间，他先后在绍兴会馆、八道弯11号、砖塔胡同61号等地居住过。而且不管工作多么繁忙，他总会抽时间去逛琉璃厂。据《鲁迅日记》载，鲁迅在北京生活的十多年中，共去过480多次琉璃厂。仅1916年就达80多次。其主要目的是去翰文斋、德古斋、清秘阁、宝古斋等各书铺、古玩铺看书、买书，选购笺谱、拓片儿等。他收藏的几千册书籍、碑拓等大都是在琉璃厂及厂甸儿庙会的摊儿上购得的。

老北京 民俗百图

此中国剽镖刀之图也。

一(人)站立木板前，一人用镖刀剽去，将挨肉皮，不能伤人。所演手眼之准法，二(人)对换，均能一律远近，一(样)数步以外剽镖，名曰剽镖刀也。

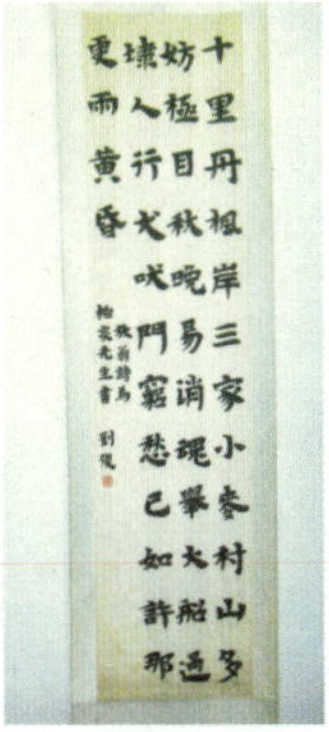

民国年间著名帖学家、书法家张伯英书写的扇面

民国年间著名诗人、学者刘复（即刘半农）的书法立轴

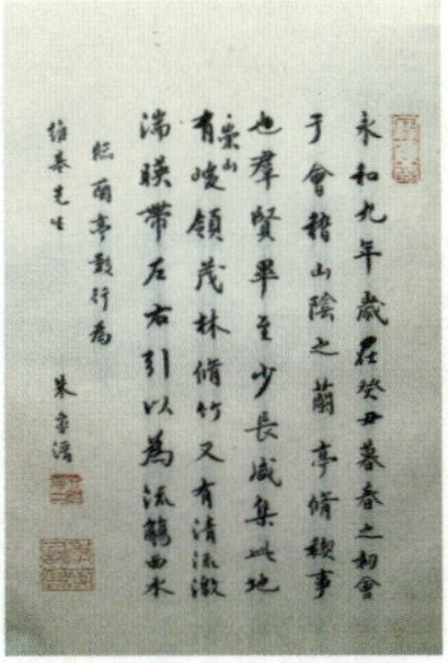

琉璃厂碰到的著名文物学家朱家溍先生临摹的《兰亭序》

琉璃厂碰到的明代拓本《十三经》残页

现在的琉璃厂与往昔不可同日而语了。经过4年多的拆迁施工，在20世纪80年代，建成了一组具有中国古典风格的建筑群，面貌焕然一新。2009年，有“民间小故宫”之称的荣宝斋，新建的一座古朴堂皇，总面积达1.6万平方米的大厦在西琉璃厂拔地而起。走在这古老又年轻的文化街上，路两侧鳞次栉比的店铺里，陈列收藏充架盈室，墨珍画宝、古籍碑帖、金石陶瓷满目琳琅，仿佛是一座座风格独具的小型博物馆。这里积淀着深厚的历史文化，是展示伟大中华艺术文明的窗口。

琉璃厂的古旧书行

琉璃厂最早的店铺，除了“荣宝斋”的前身“松竹斋”及“老二西堂”书铺等是康熙年间开业外，一些古旧书铺也先后于康熙末年至乾隆年间开业。像“二西堂”“文锦堂”“荣锦堂”“文绘堂”“文粹堂”“双峰阁”“同升堂”“宗盛堂”“先月楼”“京兆堂”“五柳居”等30余家。最早这些店铺包括古玩铺在内，大都为一些南方人经营，像江西、苏州、湖州等地人。其书源除了收购一些藏书家及大宅门儿的书外，还有人去四下寻找。从南方各省市收的书大都用船运回。所以那时琉璃厂书铺里的古籍善本的品种是很多的，其中不乏宋、元版书。

有一位生活于18世纪中叶至19世纪初的朝鲜著名学者，名叫柳得恭，他在清代乾隆年间来过我国，曾数次去逛琉璃厂并在书铺中购书、读书。请看他写的《燕台再游录》中在“聚瀛堂”书铺选购图书的一段记载：“聚瀛堂特潇洒，书籍又富。庭起簟棚，随景开阖。置椅三四张，床桌笔砚，楚楚略备，月季花数盆烂开。初夏天气甚热，余日雇车至聚瀛堂散闷，卸笠据椅而坐，随意抽书看之，甚乐也。”而且书店待客除了茶水之外，天热了便给顾客提供一种藕粉粥，“和砂糖食之，甚美。”这段文字让我们看到了当年琉璃厂古旧书铺的经营、服务方式，也感受到了花香与书香四溢的氛围里读者的喜悦之情。今天的读者又何尝不神往200多年前那温馨舒适的购物环境？

购自琉璃厂的线装古籍

以上提到的这些老书铺到了咸丰、同治年间就已先后不存在了。大约从清代中期道光以来，一直到民国至中华人民共和国成立，琉璃厂地区的古旧书铺、古玩铺及碑拓店等，大都由河北人经营。主要是衡水、深县、冀县、枣强一带的人。所以有河北人营造琉璃厂之说。

这个时期的书铺有“文光楼”“文宝堂”“槐荫山房”（门前有一棵明代古槐，在东琉璃厂路南）、“宝文斋”“宝华堂”“修文堂”“翰文斋”“西山堂”“益文堂”“文贵堂”“宝珍堂”“宝森堂”“同立堂”“三槐堂”等。据书铺的老人讲，这些年经琉璃厂书铺买或卖的宋版、元版的古书不少，明、清善本则更多。能回忆起来的宋版就有《二程遗书》《通鉴纲目》《周易》《礼记注疏》《朱晦庵先生文集》《说文解字》《周礼计义》《韵语阳秋》《重刊说文解字音韵谱》（南宋刻大字本）、《王状元集注分类东坡先生诗》《横浦先生文集》，还有元版《礼记集说》等。以上这些宋元版书均为白或黄麻纸。有全套的，亦有不全的残本。这些极其珍贵的宋元版书现在是绝难见到了，亦不知它们现在流散在何方。

老北京 民俗百图

此中国翻跟头之图也。

用桌一张，上放板凳二条，又用板凳一条仰合上面，将头放在板凳腿上，两脚亦放在板凳腿上，翻身『挠』过，名为翻七寸子，此绝技也。

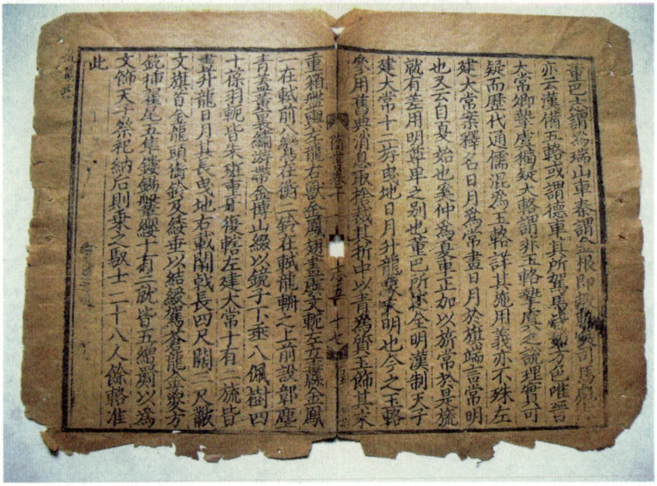
董巴志謂爲瑞山車秦謂金根即殷[illegible]司馬彪
亦云漢儀五輅或謂德車其所駕馬[illegible]方色唯晉
太常卿摯虞獨疑大輅謂非玉輅摯虞之說理實可
疑而歷代通儒混爲玉輅詳其施用義亦不殊左
建大常案釋名日月爲常畫日月於旗端言常明
也又云自夏始也奚仲爲夏車正加以旂常於是旒
就有差用明尊卑之别也董巴所述全明漢制天子
建大常十二旒曳地日月升龍象其明也今之玉輅
參用舊典消息取捨裁其折中以青爲質玉飾其末
隋書卷十 十七
重箱盤輿左青龍右白獸金鳳翅畫苣文鞦左右[illegible]金鳳
一在軾前八鸞在衡二鈴在軾龍輈之上前設鄣塵
青蓋黃裏繡游帶金博山綴以鏡子下垂八佩樹四
十條羽輚皆朱斑重牙復轄左建太常十有二旒皆
畫升龍日月其長曳地右載闟戟長四尺廣三尺黻
文旗首金龍頭銜鈴及緌垂以結綬駕蒼龍金鍐方
釳插翟尾五焦鏤鍚鞶纓十有二就皆五綵罽以爲
文飾天子祭祀納后則乘之馭士二十八人餘輅准
此

在琉璃厂淘到的元代刻本《隋书》残页

琉璃厂的古旧书铺还有一大特点，即兼营出版业。也就是说，几家有名的书铺都刻书。不但用木刻、影印等法，还有用木活字排印的。这些书铺印的书称为坊刊本，大都很精致。最早的坊刊本书是“双峰阁”书铺于乾隆年间刻的《满蒙汉三合便览》。这是一部三种民族文字对照的工具书。还有一部著名的史书《南疆绎史》，就是用木活字印的。民国年间琉璃厂几家著名的书铺都有不少坊刊本问世，例如“来薰阁”书铺印的《古文声系》《广韵》，“文友堂”书铺印的《太平广记》《陶说》《明诗纪事》，“通学斋”书铺印的《二洪遗稿》等。这些书铺印的坊刊本因印量不大，且年头儿也较多，现在要找还真不易。

上面谈到了自从清中期以来，在琉璃厂地区做生意的河北人多了起来。这是因为河北距京城近，来往方便。全都是老乡带老乡、朋友荐朋友的传承关系。他们来京在琉璃厂的店铺里学徒时，都是十五六岁的孩子。三年零一节，学满了留在柜上继续干的不太多。大都自立门户自己单干。可是，东、西琉璃厂，再算上1917年就对外开放的海王邨公园，门脸房都加起来也是有数儿的那么些间，而且早已有人经营着买卖。这些在古旧书铺、古玩字画等行业学满了徒的年轻人只好到琉璃厂附近的胡同儿里去租房子。这些胡同儿有：安平里、大小沙土园、东南园、东北园、万源夹道、吉祥头条、吉祥二条、西南园、西北园等。多年来在这些胡同儿里散居着从事古旧书、古玩字画、碑帖等行业的个体经营者。本儿小、利微，都是拉家带口的住家户。有的有字号，更多的是以自己的名字命名。居室里既有满架的古旧书籍等，又有锅碗瓢盆等过日子的家什。因不是街面儿上的门脸儿房，他们便用白色或蓝色的包袱皮儿包着书。捆在自行车的后架上，往各大学图书馆、北京图书馆（现国家图书馆）、历史博物馆等一些文化单位及一些文人学者家里送书。若他们要的书自己没有，便到同行处去找。讲好价钱，拿走货卖了再给钱。赚个差价，连字条儿都甭打。同行间讲的就是个信用，虽然拿走了货，没有不认账的。但东西他卖了拖着不给钱的事也是常有的。

无论是在琉璃厂街面儿上有门脸儿房的大户，还是这些骑车送货的小户，这些古旧书商们经过多年与古旧书接触的实践，再加上学徒时师傅的传授，及与文人学者交往时的熏陶和请教，他们熟知了古籍的版本、目录、源流及内容，不少人通晓版本目录学，成了这方面的专家，而且还练就了一身修理、装订古旧书籍的绝活。

老北京 民俗百图

此中国贩骡马之图也。

其人由外贩骡马来京师，卖与骡店里，该店主再会主投客卖，买者先看口齿，后看快慢。有俗言几句：『远看一张皮，进瞧四个蹄：来买先晃眼，回头在瞧屈』也。

我父亲是河北衡水县人，因家中贫寒，只念了四年私塾，于民国九年（1920年）16岁时由同乡介绍到京，在琉璃厂海王邨公园里西侧的“养拙斋”书铺学徒。掌柜的叫李同群，字雁宾，河北冀县人。父亲学徒期满后留在店中工作了两年，然后自己找房单干了。他名振生、字纯如，原来有一个字号叫“纯华阁”，是当时社会名流、书法家张朝墉题的字。但因为没有门脸儿房，有无字号无所谓。后来就干脆以自己的名字命名，叫“李纯如书店”。民国十五年（1926年）时，他在小沙土园南头路南处租了间房，与当时有些名气的裱画店“大树斋”在一个院儿。后来在民国二十八年（1939年）时迁到了南新华街路西的安平里3号（现8号）。这个院儿是开“清秘阁”南纸店的周家的花园。院儿里的邻居中，卖古旧书的有三家、卖字画儿的有三家、卖古玩的有两家，卖碑帖的有一家，全是河北人。父亲还有两个师弟，一个叫张俊义，在万源夹道4号租房独立经营。另一个是孙殿起（耀卿）之弟孙华卿，在海王邨公园路西开了“荣华堂”书铺，后来在南新华街路西的便道上摆书摊儿。

民国时的社会名流、书法家张朝墉为父亲的书店题写的店名

父亲为人厚道老实，又好学，他收的书都是先自己看，然后再卖。他的书友、著名学者、鉴定专家史树青先生都说，父亲一辈子在同行中没跟人红过脸。他通过自己多年的磨炼，眼力很好，精通版本目录学。他骑着一辆德国造的“蓝牌”自行车，在很宽的后架上带着书，无论酷暑还是严寒，奔波于送书的路上。几十年来，通过古旧书，父亲结识了很多文人学者和社会名流，与其中的很多人过从甚密，有符定一、李济深、章伯钧、张申府、鲁迅、周作人、郭沫若、郑振铎、邓之诚、吕振羽、何其芳、向达、陆和九、汪慎生、冯至、陆宗达等人。记得公私合营以前的20世纪50年代初，常到家中与父亲谈书、找书的人中，有启功、阿英、余嘉锡等人。他们只要来琉璃厂，必到我家小坐。在其他胡同儿中居住的“文商”们的家中也同样有名人光临，这是那时行业的特点。所以，浸润着泱泱中华文化的不仅是东西琉璃厂，还包括上面提到的琉璃厂附近的这些胡同儿，它们同样留下过名人的足迹，一些院落中曾闪动着他们的身影。

在当年父亲骑车给一些文人学者家中送书的时候，我清楚地记得他给我讲的一件事。一次，父亲去著名历史学家、时任北京师范大学校长陈垣家中送书，他正在给几位学生讲课。其中有启功、余逊、柴德赓等人。这时陈垣示意家人给父亲搬来了一把椅子，让父亲也坐下听。从此，父亲知道了上课的时间，便经常在这个时候给陈垣送书，听他讲历史、讲国学。有一回父亲去早了，陈先生正在吃早点，是白米稀粥和油煎馒头片儿。据说每天早点都是如此。这么大的学者饮食真是一点儿都不讲究。在和陈垣的交往中，他还给父亲题写过一幅扇面，笔墨功力非常深厚。后来配上了扇骨，至今仍在家中完好地收藏着。

老北京 民俗百图

此中国放风筝之图也。

每到春季，无事之人用竹披子做成蝴蝶或各样飞禽不等，上系线一条，望空放起，人仰面视之，以吸空气，所谓卫生也。

陈垣先生写给父亲的扇面

父亲在世时常和念叨他当年做买卖时的故事。因我那时年轻，什么经史子集，我根本不着耳朵听，差不多都忘了。只记得他和位于厂甸4号（当年此院共住五家，全是卖古旧书的）的“宝铭堂”掌柜的李建吉（字书谦，冀县人）等人合伙买书之事。因我儿时父亲常带我去“宝铭堂”玩儿，所以印象较深。那次他们买的是京城著名藏书家李盛铎的一批藏书。后来我问父亲买的都是什么书，父亲说多为钞校本及明、清刊本。其中“汲古阁”毛氏钞本《九僧诗》，书很干净、品相很好，是“毛钞”中之精品。这里说的毛氏是毛晋，明末清初著名藏书家，更以编书、抄书、刻书名扬天下，时至今日，毛刻本已很少见，且价格不菲。

本文的前边讲到了，我们住的这个周家花园里，一共有九家都是在琉璃厂做生意的，单说前院儿西屋的白家，亦是卖古旧书的。公私合营后在“北京市中国书店”当收购员。他曾在京城著名藏书家关赓麟处买到了一部宋版《楚辞集注》。共8卷，书干净整齐、品

众多老字号书店合并成立的中国书店

相很好，又是全套的收藏近千年真是不易。当时轰动了古旧书业。据说此书买时很便宜，是因为主人已过世，后人不懂，后来“北京市中国书店”又给卖主送去了一些钱。这是一部海内孤品，价值连城，其珍贵程度可想而知（此书现为国家图书馆收藏）。

据统计，从清咸丰以来直至民国年间，琉璃厂地区经营古旧书的，包括个体小户，约有210余家。这其中有陆续歇业、倒闭和开业者。1950年时，“海王邨公园”被电信局占用。里面的古旧书、古玩字画等店铺全部迁出。其中有关张转业的，使书铺减了一些。1940年至1956年，琉璃厂地区有书铺45家，这里面绝大多数为个人经营的小户。街面儿上有门脸儿的书铺只有西琉璃厂的“富晋书社”“来薰阁”“开通书社”“邃雅斋”“藻玉堂”，东琉璃厂的“文禄堂”“翰文斋”“松山书社”等。1956年公私合营时，所有古旧书经营者全部加入了“北京市中国书店”。

老北京 民俗百图

此中国妇人卖花之图也。

其人由花市买来，沿街而卖，吆呼『石榴花，捡样挑！』卖住户妇人所用。

在这篇小文行将结尾的时候，顺便谈一下碑帖店。碑帖与古籍善本一样，都是纸质的。碑帖在历代一直为藏家所重，与古旧书一样，被认为是经典收藏。它具有珍贵的文化史料价值。作为一种文化载体，记载着当年社会经济、文化、民俗等信息。从书法角度看，对书法艺术的发展起着学习、借鉴、推动、指导和延续作用。宋代拓的碑帖与宋版书一样珍贵，明、清代拓本亦是很难得的。据资料记载，在乾隆年间，琉璃厂就有专门卖碑帖的商店。咸丰以来至民国年间开业的碑帖店有10多家，最著名的有“德古斋”“宜古斋”“石墨斋”“墨林堂”“庆云堂”等，其中的“庆云堂”至今仍在西琉璃厂路南处经营碑帖。

琉璃厂的古玩字画业

古老的、可供人们玩赏及研究、陈设、收藏的雅致器物，叫古玩。这个名称始于乾隆年间，在此之前叫骨董或古董。过去有的古玩铺里也挂字画，而有的画店亦有古玩陈列，分得不是特别清。平常人们也总爱把古玩与字画相提并论。但确切地说，古玩与字画应属两个行业，这篇小文就统而论之了。

古玩字画业是与古旧书籍同时在琉璃厂地区兴起的。经营者也大都是河北人。有据可查的较早的店铺有：“博古斋”“宝文斋”“宜古斋”“英古斋”“笔彩斋”“论古斋”“清韵阁”“菇古斋”“萃珍斋”等。另外，碑帖店有“德古斋”“富华斋”“庆云堂”等。清末民初在琉璃厂地区开的古玩字画店有：“鉴清斋”“鉴古斋”“德珍斋”“延清堂”“博韫斋”“雅文斋”“文古斋”“悦古斋”“馀粹斋”等。专卖旧墨的店铺有马氏经营的“玉纲斋”等。其他古玩铺均有明、清古墨出售。拿瓷器来说，那时古玩字画店也是四处收货，但几乎全是民窑瓷器，而精美的官窑瓷器是景德镇御窑厂专供皇宫烧制的，数量有限。即使个别王公大臣家里有也是皇帝恩赏的。窑里的瓷器烧好后，朝廷派人去挑选，剩下的全部砸碎不准流入民间，也不得作为商品买卖。

老北京 民俗百图

此中国赶脚之图也。

每逢春秋冬令之时，多系四乡之人来京，用驴一头在城根与往来人骑之便宜，若骑十余里路，无非京钱数百文，名日赶脚。

清代著名画家顾复初（字子无）山水小品

清代末年，政治腐败，宫内管理混乱，失窃严重，连一般的太监都敢往外偷东西。故宫及热河行宫中的文物大量外流。英法联军火烧圆明园，大肆抢掠，不少文物流入民间，失落海外。民国初年，溥仪将抵押在盐业银行中的内务府瓷器库中的瓷器拍卖给了古玩商人，加上溥仪出逃东北时带有的古玩字画等珍宝也大部分散落民间。由于上述种种原因，琉璃厂地区古玩字画店里的官窑瓷器及历代名人字画日渐丰富，生意也随之兴旺起来。

古玩字画业与古旧书行有很多相似之处。例如，在柜上学徒三年零一节期满后，一般柜上不留人，得自己单干。可是，门脸儿房不好找，只得去琉璃厂附近的胡同里去租房。他们也用“包袱斋”的方式，拿块包袱皮儿去同行处“搂货”，或到京城的大宅门和去外地收货。这些大、小户的古玩字画商们，经过多年的实践，东西见得多了（学费也没少交，打眼的事不新鲜）眼力练出来了，大都有很高的鉴赏能力。像“韵古斋”掌柜韩少慈，当时在琉璃厂地区是一位鉴赏高手。有一部电视剧里面的“画儿韩”就是以他为原型塑造的。另外，我在上文里谈到我家住的院儿里有三家是卖字画的，其中的一家就是住前院儿北屋的张效禹，名延舜河北衡水人，是“悦古斋”韩懿轩的徒弟。学满后，由军阀张作霖的一位本家亲戚张瑞亭出资，在琉璃厂开了“鉴光阁”，由张效禹任掌柜的，实际是领东，干了十几年，钱赚了不少，后于1936年自己独资在海王邨公园开了“闻古斋”画店，一直到1949年中华人民共和国成立。

我们这位邻居的眼力极好，多年来经他鉴定的名字画儿无数。记得20世纪50年代及20世纪60年代初，现在的著名书画鉴定专家、故宫博物院的徐邦达及刘九庵等人，常用包袱皮儿包着几轴儿字画来他家请他看画，并在一起切磋研究。我和张家的孩子等几个同学站在一边看热闹、听大人们说话。

琉璃厂地区的古玩字画铺这些年出了不少鉴定专家，像故宫博物院的刘九庵过去是开“墨缘阁”画店的，首都博物馆马宝山是“墨宝斋”的斋主，而鉴定家傅大卣则是出自“裕文斋”，等等。

说到琉璃厂的古玩字画，自然不能不提“荣宝斋”。“荣宝斋”的前身是“松竹斋”，最早“松竹斋”是南纸店，1894年庄虎臣在其旧址开了“荣宝斋”，经营南纸、木版水印画、笺纸等，而且还开办了挂笔单业务。所谓笔单，就是书画家们把自己创作的书画作品挂于画店，并标明什么题材、什么尺寸、多少价钱。用现在的话说就是价目表。若顾客要哪位书画家的什么内容、规格的书画作品，与画店订好，付了款即可，几天后便可去取。那时琉璃厂地区除了“荣宝斋”外，像“清秘阁”等都有当时的书画名家挂笔单。其中有：林琴南、张大千、齐白石、溥儒、王梦白、姚华、陈师曾、陈半丁、汤定之、余绍宋，等等。丹青妙选，翰墨结缘。这些书画家经画店推荐给了社会，他们的作品得到了群众的喜爱，从此名声大噪，不少人成了大师级的艺术家。他们也与画店结下了深厚的友谊。

有些书画家不但卖画，还买画，收藏书画作品。所以，他们经常光顾琉璃厂地区的画店。像周肇祥、陆和九、张海若、杨绣谷、张伯英等人，被人称为琉璃厂的虫儿，成天价泡在这里，与不少店主都是朋友。由此也可看出文人墨客们与琉璃厂地区的密切关系。

琉璃厂地区古玩字画店的人不但精于鉴定，不少人还工书画、篆刻且水平不低。这是因为他们自己喜好而且见多识广，和书画名家们经常接触，受其熏陶并有机会向他们请教。像上面提到的张效禹就擅画山水，“博闻簃”（1926年开业）古玩铺的掌柜韩醒华专攻花鸟，李心田画人物及马，他给家父画的《村姑牧马图》扇面至今仍收藏完好，此画神形兼备、颇见功力。“二孟斋”（1938年开业）的李孟东擅书法。“墨宝斋”的马宝山山水画画得很好。“裕文斋”（1944年开业）的傅大卣工书法篆刻，等等。除此之外，就连裱画店的师傅有不少人都能书会画。

老北京 民俗百图

此中国高跷会之图也。

用木头两根，上用木托，将此木绑在两条腿上，将男子扮成女子模样，或二三人扮成一出戏的样子，来往逗舞，此名高跷会。

笔者收藏的一幅竹兰石国画

捎带提几句，从前琉璃厂有的古玩铺还刻过书，画儿店出过书、画目录。例如："尊古斋"古玩铺的《尊古斋所见吉金图》共4卷，《衡斋金石识小录》2卷等及"龙光斋"刻字铺的《格言联璧》，"永盛斋"刻字铺刊的《玉历至宝钞》等。

1956年公私合营时，琉璃厂地区的几十家古玩、字画、碑帖等店铺全部加入了"北京市文物商店"。

琉璃厂的琉璃制品

中外闻名的古文化街琉璃厂，在古代时以烧制琉璃制品而得名。

我家就住在琉璃厂地区，这个大院曾经是在琉璃厂开"清秘阁"南纸店的周家的花园。在后院曾码放着足有200多块烧好的黄、绿色的琉璃瓦，不知是何时何人存放于此，据鉴定，这些琉璃瓦是明末清初时烧制的。过去我的小学同学养鸽子，我曾给过他们几块（将琉璃瓦放在房顶上，鸽子以此为家）。

记得父亲也曾在炎热的夏天拿一块琉璃瓦当作枕头，他说这样枕着睡觉凉快。我也曾一试，确实很凉，只是觉得枕得时间长了硌得慌，所以我享不了这个"清福"。

过去琉璃厂窑烧制得十分精美的琉璃制品以建筑构件居多，像门当花、滴水、当勾、垂脊、合角吻等。除此之外，也烧一些摆件及绣墩、冰箱等用具。单说这冰箱，有几种不同的规格，其中的一种为大约60厘米见方、高40厘米左右的大敞口器具，外壁为蓝、黄、绿等色琉璃釉。夏景天儿，将一大块天然冰放在里面，镇上瓜果等，放在屋内还能起到降温的作用。

琉璃瓦及各种制品，其做工和用料均有严格的规定。是采自山中一种白色质细的软石，将其碾成细面，掺以细沙、胶泥（一种黏土）等，按比例拌匀加水和成细泥浆状，赤脚踏之，使其滋润黏合，然后用模具或手工制成各种形状，在阳光下晒成八成干，雕以各式花纹，再入窑烧。火候的掌握也是关键。制作工艺非常考究。其成品颜色鲜艳、光泽闪烁而且坚硬结实，可历经几百年风雨而不褪色。为威严的皇宫殿宇镀上了一层辉煌华贵的色彩。

早期的琉璃厂烧制的就是这样的琉璃砖

老北京 民俗百图

此中国箍桶之图也。

——其人挑担沿街吆呼：『箍桶来！』有铺家、住户水屋木盆水桶散漏，比唤此人收拾，用竹藤子箍好，价值若干也。

应该说，琉璃厂窑从明代至清这几百年间，除了大量的琉璃瓦外，还烧制了不少琉璃器具。但不知何故，传世的不多，在京城的拍卖会上极难一见。前几年我只是在南城的一个旧货市场上见到了一个清代的琉璃冰箱，要价不菲。其实明、清时期的琉璃器具是极具收藏价值的艺术品。正因为数量少，才增加了收藏的难度，也决定了这是一项冷门藏品，也正因为如此，才越来越受到人们的关注。

沐浴着琉璃厂的文风长大

我住家在琉璃厂附近，所以打小我就常去那里玩儿。东琉璃厂的小人书铺，西琉璃厂的小人书摊是我经常光顾的地方。有时我自己去，有时下了课和几个同学一起去看小人书，一分钱看一本。常常，一个人租了书坐在那里看，身后和左右围着几个小伙伴都伸着小脑袋瓜聚精会神地“看蹭儿”。夏景天儿真是热，那熏人的臭汗味儿阵阵袭来，可是全然不顾，仍然看得津津有味。儿时不仅爱看小人书，受家庭的熏陶，我还非常爱画国画。

20世纪50年代的时候我正在上小学，也正是我迷恋画画的时候。放了学背着书包，我到琉璃厂的字画店里去看名家的绘画作品。当时琉璃厂的字画店有好几家。记得西琉璃厂有清代状元陆润庠题匾的“荣宝斋”及“伦池斋”。东琉璃厂有专营历代书画家作品的、由翁同龢题字的“宝古斋”，还有专门陈列现代名家书画的“墨缘阁”，这块牌匾是著名帖学家、书法家张伯英手书的。因为我小的时候胆子很小，“怵窝子”，在画店门外走过来走过去，不敢进去。当时心想，这么高雅的地儿，一个小孩子进去看画儿，也不买，非得给轰出来不可。不知多少次，在门口徘徊半天，“无功而返”，终不敢进门儿。后来壮着胆子，一看有人进去，便赶紧也跟着进去。看一会儿风格各异、精彩纷呈的字画儿，心里倍儿高兴。但是，我始终不敢在琉璃厂的画店里临摹我喜欢的画儿，怕人笑话，我想这大概是个人性格使然吧。

记得20世纪50年代时，卖湖笔徽墨的店铺大都集中在东琉璃厂。有胡开文湖笔徽墨店、戴月轩笔店、贺莲青笔店等。那会儿的

笔者习作水墨山水《松瀑图》

老北京　民俗百图

此中国瞽目人之图也。

此人自幼失目残疾，学习占算八字，并演习曲词弹唱，游于街市，以图得利而已。

毛笔质量好且价格很便宜。像“长锋宿”“真臣子”等传统的写字用的羊毫笔及“五紫五羊”“七紫三羊”等紫毫与羊毫混合制成的毛笔，几角钱就可以买到。还有一家著名的李福寿画笔店，专卖画国画的笔，在东琉璃厂路北处。因我小时候喜欢画山水画，所以我曾去该店买“山水画笔”，要价1元2角，吓得我扭头就走。我，当时一个小学生身上哪有这么多钱？不过现在看来，这种全狼毫制作的毛笔价格还真不贵。

儿时经历的往事至今50多年过去了。我依然住在老地方，闲暇的时候，我依然要到琉璃厂去走一走，到书铺和画店里去看一看。现在的琉璃厂与往昔不可同日而语了。这是20世纪七八十年代时翻建的、具有清代末期某些建筑特点的仿古建筑群。这个仿古建筑群分东街和西街两部分，但实际上这两条街都只是翻建了半条街。东街由中间部位往东、西街由中间位置往西，均是个体经营者自己改建而不是由国家统一建造的，因此给人一种不协调的感觉。而雕梁画栋又过于华丽，与旧琉璃厂的传统街市和风貌不大相符，而且各个店铺给人一种雷同的感觉。

走在这条中外闻名的文化街上，心里总有一种与儿时不同的感触。缺少了那时的快乐、亲切的感觉，这大概就是怀旧的原因吧。但是店铺里那琳琅满目、古色古香的古玩字画、古籍善本、碑帖印章等告诉了人们，这里积淀着深厚的历史文化，而且仍在传承延续。

新世界 · 游艺园 · 四面钟

老北京 民俗百图

此中国雇乳母之图也。

又名奶妈子，皆人家产生婴儿缺乳者，需雇乡间之人哺其婴儿，此项妇人愿为挣人银钱，大半多系京东人，按月给工价之外，必增讨簪、镯、衣物等物。

从清末到民国年间，京城的前门外一带是非常繁华的地区。像前门大街、大栅栏、劝业场、八大胡同等地。商店、旅馆、茶楼、酒肆、戏园子及妓院等均云集于此。而综合性的娱乐场所“新世界”和“城南游艺园”也在这一地区接待游客。

民国六年（1917年），在香厂路与万明路交汇处的开阔地带，建起了一座西洋风格的船型建筑。它的设计不是方方正正的，而是面向西南、背对东北。长约有四五十米，主体建筑为四层，中间部分又加盖了三层像瞭望塔一样，给人的感觉是一只停泊着的大船。其营业方式是仿照上海“大世界”，客人可在里面听戏、看电影、赏曲艺、观杂耍表演、玩游戏、吃饭饮酒、品茶等。在当时的北京，这种形式的商场是第一家，所以游人如织，盛极一时。没过几年，在离新世界约几百米的地方又开了一家综合性的“城南游艺园”。

“城南游艺园”在“新世界”的南边，因现在街道格局大变，楼房林立，已很难考证。其确切位置大概在今友谊医院迤南一带。是清代曾任水师提督的李直绳看中了这一地区的商机在此开设的。其规模和设施较之“新世界”更大、更全。而且还带有一座小桥流水、亭台假山的花园，在经营项目上也更丰富、更具特色。有女艺人登台演唱京剧、歌曲等，人气极旺。有了竞争的对手，“新世界”的生意每况愈下。再加上发生过一起游客跳楼自杀事件，游客逐渐稀少，没过多久便停业了。这样就只剩下了“城南游艺园”一家，可是它独家经营的局面没有几年，北伐战争开始了。之后，一些衙署南迁，社会动荡，市场萧条。“城南游艺园”也倒闭了。

如今的四面钟是王世仁先生根据老照片设计复建的

所谓“四面钟”也是带洋味儿的建筑。大约建成于1920年，在与“新世界”相对的友谊医院医技楼的南面。实际上，这组建筑是港口码头的造型，是针对“新世界”船形建筑而建的。“四面钟”是四面终的谐音，即是“新世界”这条船将四面终止，永远停泊在码头上之意。果然，“新世界”的经营在经过最初几年的鼎盛期后，便日渐衰落，最终歇业。我们不讲封建迷信，不信什么克什么之说，这件事实属巧合。不过“四面钟”（终）的设计者的“目的”在客观上还真是达到了。

因为久居南城，从小儿在这儿长大，所以对这一带非常熟悉。“新世界”这座船型建筑1949年后仍然存在，而且完好无损。我去过几次。后来香厂路小学占用此楼，学生们在此上课。1976年唐山大地震波及北京，“新世界”最高处，即第七层的瞭望塔倒塌了，没有修复。到了20世纪80年代中期，此楼被全部拆除。在旧址盖起了两幢塔式居民楼和张一元茶庄。有趣的是，新盖的这些建筑和“新世界”一样，均是斜着面向西南方向。而名噪一时的“城南游艺园”曾一度改做了屠宰场，之后，几经更迭，在1949年前被夷为平地。而那座“新世界”的克星“四面钟”，也在20世纪50年代初，在城市建设中被拆除。2004年又复建在了北纬路的东口、天桥南大街的马路边上。无论是外形和地址均与原物相差甚远，是一处毫无意义的建筑，属假古迹之列。

本文谈的这三座同一个时代、同一个地区，又都是带有西洋风格的建筑消失在了时代的变迁中。徜徉在这里，却无论如何也想象不出这城南一隅往昔那红灯绿酒、歌舞升平的繁华景象了。

老北京 民俗百图

此中国广东妇人之图也。

其人来京，多有广东宅门为仆，夏令穿着凉绸衣服，裤角甚肥，有尺余，不缠足，穿尖鞋，衣服齐整无比也。

“燕山八景”与“银锭观山”

“燕山八景”（俗称“燕京八景”）是北京地区的八处名胜古迹。“银锭观山”则是“燕山八景”之外的一处著名的自然景观。

近日翻阅家中藏书获知，历史上有“燕山八景”记载的史料很多。像《燕山八景赋考评》《北京八景图诗序》《洪武北平图经》《寰宇通志》《宛署杂记》《双槐岁抄》等。关于“燕山八景”起于何时，历来有几种说法。最早记述“燕山八景”的著作是元朝陈栎《定宇集·卷十四》里的《燕山八景赋考评》。他提出了“燕山八景”之名，书中云：“其昉于何时何人乎？以琼岛、太液二名观之，想起于中统以后……”的说法。还有沈榜的《宛署杂记》：“金辽以来相传燕台八景……”黄瑜的《双槐岁抄》：“北京自元建大都已有所谓八景”等记载。再有一种说法就是明朝永乐年间胡广的《北京八景图诗序》。文中曰：“地志载，明昌遗事有燕山八景，前代士大夫间尝赋咏……”

综上所述，这几种关于“燕山八景”起始年代的说法，在时间上，上下也就相差百年左右。但由于胡广的“明昌遗事”的说法曾被《日下旧闻考》等书引用，有一定的影响，所以，人们一般都认为“燕山八景”起始于金章宗明昌年间。距今已有八百余年的历史了。

至于八景的内容，历史上有过不同的名称，但都大同小异。最早“金台夕照”叫“道陵夕照”，道陵是金章宗的陵寝。自元朝中期改为“金壶夕照”，后又改为“金台夕照”。明朝景泰初年成书的地理志书《寰宇通志》及《洪武北平图经》均有八景条目：“琼岛春阴”（春云、春荫）、“太液秋风”（晴波、秋波）、“玉泉垂虹”（趵突）、“居庸叠翠”“蓟门烟树”（飞雨）、“西山积雪”（霁雪、晴雪）、“金台夕照”“卢沟晓月”（括号内注释的是八景的别称）。

乾隆御笔亲题的“燕京八景”之“琼岛春阴”碑

老北京 民俗百图

此中国过卖之图也。

其人又名勤行，跑堂之说也，每逢居、楼、园、馆、酒市等有人进内饮酒吃饭，此人烫酒（端）菜，百般殷勤，所以多来照顾，名曰过卖也。

银锭桥是西城什刹海前、后海相交处的一座汉白玉小桥，原桥早已不存，现在的桥是后来重建的，用的是原来的名称。“银锭观山”这处自然景观起始于明代初年，比“燕山八景”要晚得多。银锭桥确实是旧京时城内观山的唯一好去处。不像现在，处处有高楼，可能随便在哪座楼里都能看到西山吧。

是的，历经沧桑的古老银锭桥依然矗立，但伫立桥头向西眺望却令人兴味索然。湖面上既没有荷花、碧苇、绿蒲的衬托，又不见嬉戏的水鸭,那把如黛的远山遮挡住了近三分之一面积的白色高楼却赫然入目。而身后从桥上驶过的、不息的车辆带起的尘烟和声声喇叭已吵得人心烦意乱了。在这市井的喧嚣中，谁还有赏景的雅兴?

历史又跨入了一个新的世纪，京城发生了天翻地覆的变化，正在向现代化的国际大都市迈进。作为市区内的一处街头自然景观，曾经以幽静、野趣取胜的“银锭观山”的美景已不复存在。虽令人遗憾，但这是历史发展的必然，我想。

“燕京八景”中的“琼岛春阴”指的就是白塔所在的北海琼华岛

京城老号

从前的戏园子

歌舞、戏曲等的表演在我国有着悠久的历史，而演出的场地也随之形成。

在古代最早的艺人演出是堆土成台，为露天的，称为“露台”。到了西汉时，观众坐在高处往下观看演出，并且加了上遮风雨的棚子，叫“看棚”。到了戏曲形成时期的唐代，演出场地开始出现砖石木材等建筑材料建成的“乐棚”。从宋至元代，中国的戏曲更加成熟，演出地称之为“勾栏”，有前台、后台、观众席等。为了便于观赏，观众的座位排列前低后高。这个时候的演出场所已具有了剧场雏形。到了明、清时，取而代之的是茶园或叫茶楼。观众可一边品茶，一边看戏。清代中期，随着三庆、四喜、春台、和春四大徽班进京及徽调、湖北汉调、昆腔等剧种兼包并容，形成了京剧。人们在茶楼里就不以喝茶为主，而是专门欣赏戏曲表演了。这时候的茶园全部更名为戏园子了。

老北京 民俗百图

此中国汉官太太之图也。

皆因应酬繁杂，身穿补服，项挂朝珠，相似出门之状，彼此往来拜贺起见，手拿烟袋，暇时歇息也。

位于粮食店街的中和戏院曾是北京有名的老戏园子

因为前门外一带自清代以来一直较为繁华，会馆、旅店、酒楼、茶肆、商店、妓院等均云集于此地。所以戏园子也大都设在这里。《藤荫杂记》载：“京师戏馆，唯太平园、四宜园最久。其次则查家楼、月明楼，此康熙末年之酒园也。”那时有些酒园，不但可听戏，还兼营酒饭。这里的查家楼就是一例，查家楼原为明末盐务巨商查家的花园，清康熙年间改为对外营业的查家楼。另据《梦华琐簿》载：“道光壬辰年（1832年）所见，唯查家楼尚存，即今前门外肉市广和楼也。”在道光年间更名广和楼，是京城的戏园子中年代最早的，距今已有三百多年的历史了。

在广和楼之后的若干年里，尤其是清代末年至民国年间，京城的戏园子陆续开设了不少，像三庆、同乐、中和、广德、文明、华乐、庆乐、新明、开明、长安、吉祥、第一舞台、大众等。新世界游艺场、城南游艺园和劝业场这三家虽说是综合性的，包括杂耍儿、舞厅、电影等，但都设有京剧舞台。在天桥地区也有几家较小、设备较简陋的戏园子，例如：小桃园、万盛轩、丹桂、小小等。还有一家值得一提，就是位于前门外粮食店街南口路西的四明剧院。地方虽然不算大，但在当时演出很多。评剧四大流派之一的白派创始人白玉霜就是在这里唱红的。因此有人说四明剧院是京城评剧的发源地。

广德楼戏院（曾用名前门小剧场）

回忆往事，父亲喜欢京剧，不但常去剧场看，在年轻的时候他还玩过票，嗓子也很好。在他们古旧书业的同业工会京剧队里唱花脸，并且时常演出，这是20世纪50年代的事儿了。记得父亲还带我看过几次戏。在长安大戏院看的戏中，有一出是张春华、张云溪演的《三岔口》。在这之后，父亲又带我在吉祥剧院看了李庆春、李小春的《三岔口》。互相比较，同样的精彩纷呈，同样的功力深厚，均为名家的经典之作。还记得在天桥小桃园，我和父亲看了梁益鸣唱的《甘露寺》中的一折。我那会儿年岁小，不懂戏。父亲说，梁益鸣唱得很有些马（连良）派神韵。

20世纪60年代，我上中学了。常去位于大栅栏的前门小剧场看北京曲艺团演出的曲艺。这个剧场的前身是广德楼戏园子。剧场不算大，约有400个座位。那时的演出是计时收费，10分钟收3分钱。观众可随时入、退场，十分方便。我在这里听过曹宝禄、张蕴华的单弦儿，关学增的北京琴书，赵振铎、赵世忠的相声，高凤山、王学义的快板等。那时演出，观众很踊跃，上座率每天均在六七成以上。

近些年来，随着观众数量的减少，京剧很不景气，其他剧种在京城的演出更是稀少。原有剧场的数量减少了很多，有的拆除了，有的关闭停演了，有的改做了他用。像上面谈到的前门小剧场，虽经过改建、装修，连字号也恢复了原来的广德楼，并由启功先生题写，但还是无法经营下去，现已改成了商店。由此看来，剧场数量的减少，演出的贫乏，这是与北京这个历史文化名城和全国文化中心的地位很不相称的。

老北京 民俗百图

此中国焊水烟袋之图也。

其人用小炉、风箱、铜锡焊药，如有损坏物件，令其收拾，则能复旧如新之技也。

八大胡同觅旧

早在两千多年前，燕太子丹为了自己的政治目的，挑选美女在旅店里招揽人才、吸引宾客。实际上这已具有了妓院的雏形。在这之后的若干年里，妓院一直发展缓慢，到了元末明初时才有了很大的发展。京城的演乐胡同、本司胡同和勾栏胡同（内务部街），是元、明两朝的文化娱乐中心，妓院也大都集中在这里。到了明中晚期，朝廷禁止官员嫖娼，于是商人、百姓等成了妓院的主顾。而玩弄男妓之风则在达官显贵中兴起。随后，妓院也逐渐迁出了内城。北京的八大胡同明、清时亦是以男妓为主的场所。清末民初时，妓女在八大胡同取代了男妓，这里才真正兴盛起来。当然，这也和前门外的繁华是分不开的。饭店、酒楼、茶馆、戏园子、会馆、旅社、商店等均云集于前门外地区，火车站也在附近，游人如织、商贾徜徉、灯红酒绿、歌舞升平。在一百多年的时间里，“逛窑子”之风长盛不衰。这里成了上至王孙公子、下至贩夫百姓，均视此为花天酒地、问柳寻花之“天堂”。八大胡同也成了北京最著名的地方。

八大胡同的位置在现在的西城区大栅栏地区内，即东从粮食店街，西到五道庙（五道街）；北始自大栅栏、观音寺、铁树斜街（李铁拐斜街），南抵珠市口西大街。有一首歌谣流传已久：“八大胡同自古名，陕西百顺石头城。韩家潭畔弦歌杂，王广斜街灯火明。万佛寺前车马流，二条营外路纵横，貂裘豪客知多少，扶拥胭脂放荡行。”这首歌谣写出了当年八大胡同里骄奢淫逸的生活，也点出了八条胡同的名称：陕西巷、百顺胡同、韩家潭（现名韩家胡同）、王广福斜街（现名棕树斜街）、万佛寺湾（现名万福巷）、皮条营（现名东壁营、西壁营）、胭脂胡同。八大胡同有几种不同的版本，归纳起来真有二十几条胡同儿之多。像朱家胡同、朱茅胡同、大李纱帽胡同（现名大力胡同）、小李纱帽胡同（现名小力胡同）、燕家胡同、清风巷、大外廊营、王皮胡同、榆树巷、蔡家胡同、粮食店街、大齐家胡同、博兴胡同等都在其内。这一地区是北京妓院最集中的地界儿，用现在的话说就是“红灯区”。所谓八大胡同是泛指，是旧京时妓院聚集区的代称。当时的妓院分为南方班与北方班，即南方妓女和北方妓女。并且还分为四个等级。一等称作“清吟小班”，二等妓院叫“茶室”，三等妓院称为“下处”，四等就是“窑子”或“野鸡窝”。“清吟小班”里的妓女，姿色、素质俱佳，能歌舞、善诗赋，一般以卖唱陪酒为主。当然去的客人均是官僚、富商、名人雅士。因为“小班”及二等妓院“茶室”的开销是很大的，一般人逛不起。而集中在八大胡同一带的妓院大都是高等班子，包括三等的“下处”在内。像“野鸡窝”“暗娼”这些等外的都在珠市口铺陈市及以南的天桥地区。没有多少钱的人想找乐子就去那里。

老北京　民俗百图

此中国架双拐之图也。

其人身得病，愈后两腿落残疾，不能自立行走，用木拐架两腋窝，行走得便。

我是在北京的胡同儿里长大的，住家在椿树地区，与八大胡同隔街相望（南新华街）。我记事儿的时候北京已经解放了。初中是在韩家潭（韩家胡同）的第九十五中学上的。这所学校是20世纪50年代建立的，其旧址即是一家四合院式的妓院，名曰“名花院”，其规模在平房式的妓院中是比较大的。在清康熙年间，这里是李渔的芥子园。而比这里还要气派的一家妓院就是它西侧的“美仙院”，也曾是芥子园的一部分。

位于百顺胡同外观保存完好的一家妓院

当年的妓院建筑
均带有西洋风格

中华人民共和国成立初期，政府封闭全市的妓院时，这里曾是集中妓女学习改造的临时教养所。20世纪50年代，原宣武区图书馆占用此地。因我们学校就在隔壁，所以班上的同学几乎每人都有一个借书证或阅览证。我每天下午放学后都去宽敞的阅览室浏览报刊。这是一个有着两扇朱红大门的三进坐北朝南的院落，青砖灰瓦、古朴幽雅的房屋和花园般的庭院里的几棵高大梧桐树，使人多少能够领略几分它往日的繁华与风采。据说，美仙院是个南方班子，一水儿的江南妙龄女美若天仙，故此得名。当年韩家潭有20多家一等妓院，像燕春楼、金凤楼、满春院、庆元春等，而美仙院以姑娘美、环境美最出名，位列这些妓院之首。

时过境迁，原宣武区图书馆于20世纪70年代迁到了教子胡同。事情往往是这样，当你非常熟悉的东西在你不经意间发生着变化，你全然不知，可一旦你发现时会感到很惊讶。我自打从第九十五中学毕业后，几十年间很少去韩家潭，也不怎么从那里走，虽然住家就在附近。那一天我与几位同学旧地重游，想到母校去看看，却首先发现那座保存非常完好的庭院式妓院——美仙院，自从原宣武区图书馆搬走后早已发生了天翻地覆的变化。原有建筑早就推平，几经变更，在院中盖起了一栋四层楼房，树木早被砍伐了，门口儿砌起了一道灰色围墙，铁栅栏大门，西侧还开了一个有大玻璃门窗的铺子，却并不营业，也不挂牌匾，连门牌号儿都没有。从此路过的行人绝不会知道它从前的模样，也绝不会晓得它曾经的“风光”。

我是1966年参加工作的，在陕西巷22号的一家旅店当服务员。门外的匾牌上写着“公私合营林春旅社”。这是一个姓林的和一个名字带春字的人合开的旅馆。“文革”时更名“光明旅社”，20世纪70年代以地名命名并分成了两个旅馆分别叫“陕西巷第一旅馆”“陕西巷第二旅馆”。20世纪90年代初由私人承包改称“陕西巷宾馆”。到这里工作后，我知道了这个旅馆曾经是民国初年的名妓小凤仙及云吉班挂牌的妓院。民国初年，她在这儿结识并帮助讨袁护国名将蔡锷巧妙地离开北京，为共和大业立下了功勋，也留下了千古知音的爱情绝唱。

老北京 民俗百图

此中国捡钩货之图也。

其人乃是贫苦之人，无本钱做买卖，身背一筐，手持竹竿，上捆铁针，沿街捡拾烂纸卖钱也。

名妓小凤仙在陕西巷的一处住宅旧址，现为民居

这家妓院在八大胡同众多的妓院中是最大的，也是保存最完好的。20世纪50年代初，国家封闭了妓院后，和美仙院一样，这儿也是妓女们学习改造的临时教养所。之后开了“林春旅社”，我来这儿上班时，这里的建筑格局与旧时一模一样，没有丝毫改变。

这是坐东朝西、青砖灰瓦的两层院落。进门儿是宽敞的门道，前院是一个很大的天井，这是木结构四合两层围栏式楼房。二楼的房间前是一圈儿木地板的走廊，一楼和二楼廊檐处的转圈镂花如意形望板上的绿色油漆一点儿都没脱落，木质的门窗户壁、栏杆与挺拔的柱子上的暗红色的漆色更显古朴典雅。一楼和二楼南、北各三个房间，东、西均是五间。北面东、西各有一道木楼梯。一楼与楼梯相对的位置是男、女厕所；二楼和楼梯对着的则是两间只能放一个单人床、一个床头柜的小房间。一般的房间约有十一二平方米，全是木地板，房间的隔断墙是木方子钉成的“龙骨架”，两面挂苇箔、抹白灰膏儿，既轻又隔音。因为天井是露天的，所以冬天很冷，院里堆满了煤，每个房间都是用火炉取暖，安装有烟筒。最早烧硬煤，后来改烧蜂窝煤。茶炉在后院，前院楼上没热水，只有凉水管。二楼的东北角长年放着一只清末民初时期的大水缸，每天早晚两次要用水桶往楼上提热水倒入缸中，供客人洗脸用。那时旅馆全都没有浴室。我想，当年小凤仙和蔡锷将军也是用这水缸中的热水洗脸吧。

穿过前院东北角处的夹道，就到了别有洞天的后院。西侧是茶炉房，南、北各有两间客房；往东上三层台阶，又是一座两层坐东朝西的砖木结构楼房，建筑风格和前院的楼一样，上、下各八间房。再向西，有两间南、北房，葡萄树一架；前面是一个过厅，厅内有南房两间，北房两间；穿过去的小院里还有五间房。20世纪70年代分成两个旅馆的时候，就是从这院西端的那间房开的门，也在陕西巷路东，在那个正门的北边。前后院都算上，我在那里上班时共有客房60间。熟知小凤仙与蔡锷的爱情故事，也看过这方面的影视作品，常年在此工作，身临其境，真有一种时空交错的感觉。不知当年小凤仙在哪间房子里待客，房间和走廊里时常响起穿着高跟皮鞋走在木地板上的声音，是小凤仙吗？

现在这个曾经最大的妓院（现名陕西巷宾馆）原有的格局发生了很大的变化。前院天井上的钢化玻璃罩棚是20世纪80年代安装的。房间面积扩大了，但房间数量减少了，除此之外，格局基本没变。后院的变化是地覆天翻的，除了坐东面西的那栋楼还能多少看出点过去的模样外，其他地方已没有丝毫遗迹可寻。大门外面的整面墙壁在原有的青砖上，又贴上了一层磨砖对缝的新墙。在大门上方匾牌的位置，铲掉了封闭多年的灰皮，露出了当初刻在老墙上的字号“上林仙馆”四个楷体字，并重新描了金色。

在这条著名的陕西巷里，从清末至中华人民共和国成立前这段历史时期，有一等妓院十五六家。现在有迹可循的不多了。小凤仙在这条胡同儿里还有一住处，就是陕西巷52号。青砖灰瓦、拱形券式大门，其建筑风格与前面谈到的22号一样，也是砖木结构的小楼，二层小院的左首是两座胳膊肘弯儿的两层楼房，木楼梯，规模不大、房间不多，保存基本完好。经过百年风雨侵蚀，楼上望板的油漆大都脱落，露出的木质已变成了黑褐色。这无情的岁月留下的痕迹，使人不胜感慨。

老北京 民俗百图

此中国看西湖景之图也。

天下之景，无胜于西湖，所以取此为名。然造此物者种种不一，有大有小，（有）用锣鼓唱歌者，有指画中景致而说者。遇庙集者，即多分挣也。

还有一位名妓赛金花，名彩云，又叫曹梦兰，曾嫁清末进士洪钧为妻。她的怡香院就在榆树巷1号，是陕西巷里面的一条东西向的死胡同儿。紧挨着22号小凤仙的上林仙馆，在其东侧。因为是邻居，所以她们二人相识，很可能还是朋友。

怡香院现在还剩下了一座背东面西的两层具有西洋建筑风格的小楼。楼上楼下各七间房，门窗全是青砖拱券式，二楼的木外廓十分精致。8个下垂在半空中的、雕刻细致的莲花柱头仍很完好，只是原来的绿色油漆已经很浅淡。木楼梯的下部已砌成了水泥的，仅残存着上部一小段木梯，虽然非常陈旧但不糟朽。站在这里，使人感触到了历史的凝重和岁月的沧桑。这栋楼的前脸儿保存基本完好，后山墙也是原来的青砖。只是楼的南、北山墙在1976年唐山地震波及北京后损坏了，是用红砖新垒砌的。这里就是赛金花的住处。这座著名的怡香院就是赛金花当年和攻入北京的八国联军统帅、德国人瓦德西相聚之处。

这家保存基本完好的怡香院最早的大门是在陕西巷，现在的榆树巷1号是其旁门。这是我听在陕西巷居住多年的一位老人讲的。因我于20世纪60年代即在陕西巷22号的旅社工作，那时那位老人常

名妓赛金花的怡香院，为一二层小楼，现已相当破败

在22号门口儿晒太阳，时年已70多岁了。我出来倒垃圾常看到他，混熟了也聊几句。据他说，怡香院在民国中期的时候，还是两进的大庭院，但房间不多，以花草树木为主。进了黑漆的大门，过了两层院落，才是现在看到的、正对着大门的二层绿色楼房。院内种了不少花草，还有几棵海棠树和丁香花及几块太湖石，实际上是花园。到了20世纪30年代中，据说怡香院换了主人，因那时赛金花已死。再后来不知何人在庭院中盖起了房子，住进了几户人家，怡香院就走榆树巷1号旁门而不走陕西巷的正门了。又几经变更成了现在的样子。讲这段往事的王姓老人从年轻时就在陕西巷住，若活到现在已110多岁了，他讲的应该是很可靠的。

在这个昔日的烟花柳巷聚集区里，妓院的数量确实不少。据不完全统计，几十条胡同儿曾经有过的妓院在百家以上。时至今日有迹可循的不多了。除了上面谈到的以外，还有百顺胡同，包括大百顺胡同、小百顺胡同，妓院大都集中在百顺胡同。这里共有一等妓院20余家，像群芳馆、美凤院、潇湘馆、美锦院、阑香院、松竹馆等。有迹可循而且保存较好的有几家。尤其是49号楼，外面墙上及拱券式窗户的上部那精致的花卉、蝙蝠等雕饰在那个时代是很讲究、很超前也很洋气的。

与百顺胡同不同，石头胡同大都是二等妓院，有20多家。其中有三福班、云河班、贵喜院、天仙宫、茶华楼等。值得提一笔的是，石头胡同曾经有过一家日本妓院。在20世纪的50年代改成了旅馆，名称是永明旅馆。其格局与旧时妓院时完全一样，所有的房间（20余间）均是木质推拉式门窗，窗户都很大。二层楼有围栏，不露天、有罩棚。这家旅馆和我工作的陕西巷二馆是一个核算店，因其有罩棚冬天不冷，在这里开过几次旅店从业人员大会，所以我对此印象很深。这里的老职工也都知道它的前身是日本人开的妓院，据说妓女也全是日本女人。20世纪70年代这里是北京制本厂的食堂。后又几经拆建，旧迹皆无，在原址盖起了带有一家餐馆的吉兴宾馆，即现在石头胡同65号。

老北京 民俗百图

此中国拉冰床之图也。

京都城根护城河冬天冻冰时，其人以木做成床，下安铁条二根，在河内放，有来往人坐之，其人一绳拉之，行走一门三里之遥，每人给钱三百文。

在八大胡同中，小李纱帽胡同（现名小力胡同）里的妓院档次是较低的，但在旧时妓院的密度很大，约有20来家，这是因为整条胡同儿的门牌号才只有20多个。这里有几家妓院旧址保留较好，格局变化不太大，尤其是门脸儿。像3号的泉升楼、13号与15号的连升店、27号的蕊春楼等。另外还有韩家潭（韩家胡同）21号庆元春、朱家胡同45号临春楼、6号（现新升旅馆）、15号（现朱家胡同旅馆）及4号、11号（不知妓院名），朱茅胡同9号聚宝茶室，石头胡同62号、46号（现石头旅馆），陕西巷67号、73号、31号（现陕西巷第三旅馆）等。这些昔日的妓院，中华人民共和国成立后有的成了旅馆，被改装得面目全非；更多的是民居大杂院儿，破乱不堪。实际上也是这一地区所有妓院旧址的共同特点。保存较好的是那种具有中西结合建筑风格的两层围栏天井式的“洋”味儿小楼。它用的是我国传统的建筑材料青砖、楼顶是灰色鱼鳞瓦等。而所谓“洋”则指的是精致的木围栏、廊柱及门窗户壁上的一些雕饰。作为风流场所的妓院采用这种建筑形式，这在那个年月是很超前的。有人说是赛金花带头将妓院改造成洋式楼房的。窃以为此说不可考。不过在清末民初时，受西风东渐的影响，是在建筑上的一种反映，不光是妓院，像“新世界”“四面钟”“京华印书局”等建筑都是如此。这些洋式的两层围栏带天井的小楼，是八大胡同、也是清末民初时妓院的典型格局。

老北京 民俗百图

此中国烙煎饼之图也。

其人用小米、黄豆加水磨成汁，放于盆内，用勺盛至铛上，用小竹耙拨得即薄，烙法极快，名曰煎饼。

然而，八大胡同遭到拆迁的动议在这些年被多次提起。据报载，煤市街马路拓宽改造工程已于2006年秋完工。2007年即将对煤市街以西进行整体改造，这里正是八大胡同所在地。它不仅蕴藏着丰富的青楼史料，也承载着老北京历史的遗脉。这儿的文化、历史及建筑的积淀是十分深厚的。作为历史真实见证，对这里进行保留、修葺是很有必要的。中华民族走过五千年，北京的建都史八百多年。这其中，有骄傲，也有耻辱。旧社会妇女受到多重压迫，但是一提到八大胡同，人们总会想到它的骄奢淫逸、纸醉金迷。可是有谁知道它的背后藏着多少悲惨辛酸的故事?

（注：陕西巷宾馆现更名为“上林宾馆”。）

陕西巷宾馆经过修缮后，露出了原来的字号“上林仙馆”

市井风情

老天桥儿

天桥是明、清时期封建帝王去天坛祭天时经过的一座汉白玉单孔高拱桥。后来这一地区也称为天桥，成了一个地名，北京人说话爱带儿化音，都叫天桥儿。它的大至范围是，前门大街路西，东经路以东，永安路迤南至南纬路。在当时官府规定，天桥儿周围不许修筑民宅，留出的开阔场地为后来的民间艺人撂地卖艺提供了良好条件。

京城中轴线的最南边，即前门外的前门大街至永定门这一段，在古时是京城最繁华的地界儿。明代时前门大街就热闹起来了，酒楼、茶肆、商店、戏园子、会馆、旅店等均云集于此。之后，又往南延伸到了天桥儿一带。天桥儿的繁华与发展至今已有五六百年的历史了。元、明至清早期，这里是清波荡漾、柳绿荷红的美景所在，吸引了不少住在城南会馆中应试的举子及一些文人墨客，他们来这里饮酒赋诗，泛舟游玩。清中期以后，这里的河渠被逐渐填平。那座在中轴线正中位置的天桥儿，在后来的道路拓宽中，栏杆被拆掉，桥身埋在了地下。这样，场地和路面更加宽敞，来此搭棚做小买卖，卖各种吃食的小商贩和打把式卖艺的越来越多。三教九流、五行八作都汇聚到了这地区，也成了寻常百姓最爱逛的地方。

那些至今还在百姓中流传的各个时期的天桥“八大怪”及一些著名的艺人，像宝三儿、飞飞飞、张宝中、胡老道、弹弓张、空竹德子、沈三儿、孟傻子等，均出自天桥儿。另外，像著名表演艺术家侯宝林、郭启儒、孙宝才、新凤霞、白玉霜、魏喜奎、曹宝禄、关学增及梁益鸣、张宝华等，也都在天桥儿演出过。

老北京　民俗百图

此中国练皮条杠子之图也。

其人（于）街市用三根木棍捆一架子，上拴皮条二根，其人手拿皮条，所练之艺，招数新鲜，出类超群，无所可比也。

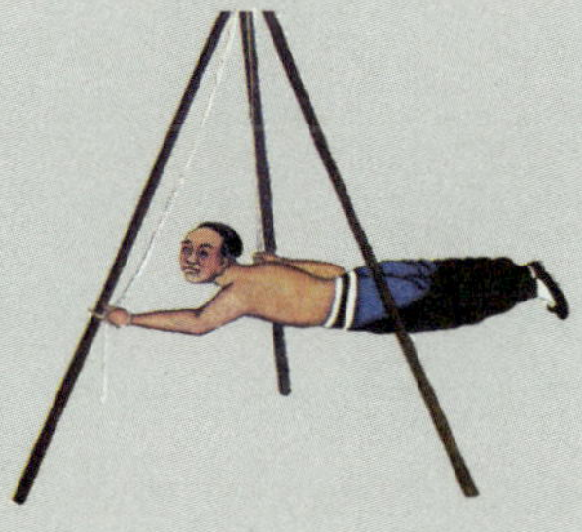

天桥市民广场上的“天桥八大怪”雕塑之一

那时逛天桥儿就是五个字：看、听、吃、买、玩。在这里几乎所有的演出形式应有尽有，像京剧、评剧、梆子、电影、杂技，练武术的、变戏法儿的、说评书的、唱大鼓的、说相声的等。还有各种的风味儿小吃、琳琅满目的旧货。这里的演出，除了电影、戏曲等在几个像“小桃园”“万盛轩”等剧场演出要先买票外，其他的均是先看后给钱，而且大都是露天的或是在用苇席搭的大棚里，有的摆几排长条儿形的木凳，有的连凳子都没有，观众站着看。“雨来散”说的就是这种演出。有一句俗话叫“天桥儿的把式——光说不练”，其实不是不练，而是天桥儿的练家都很幽默，互相逗贫嘴，像练武术、摔跤的等都是这样。每在开练（演）前，先有一段开场白，只见表演者站在场地中央，两手抱拳转着圈儿给观众施礼。口中滔滔不绝：“各位大爷大妈，老少爷们儿，您到这儿来看我们表演是瞧得起我们，是行家您看个门道，不是行家您就看个热闹。有钱您捧个钱场，没钱您捧个人场，给钱多少没关系，一分二分不嫌少，您要是给个三毛五毛的，我在这儿提前给您鞠躬了……”说完就开始表演。几个节目或一套武术演完之后，拿着装钱的盒子之类绕场收钱。有的人看完了表演给钱走了。有的没看够，给了钱不走待会儿再接着看。也有的人看完抬屁股走人，一分钱也不给。遇到这种情况，表演者有时也会骂人不带脏字儿地损他几句。

天桥儿的盛况一直持续到中华人民共和国成立后的20世纪50年代和60年代初。我住家在琉璃厂附近，离天桥儿不算近。那时我在上小学，妈妈不让我自己去天桥儿玩儿，也不许我和同学去，说不放心，怕把我丢了。记得父亲带我去逛过几次天桥儿，看过“拉洋片”的，和厂甸儿的一样。在“小桃园”戏园子听过梁益鸣、张宝华的京剧，还吃过几样小吃。再就是，我们学校组织上天坛义务劳动，种蓖麻。回来的时候，路过天桥儿，利用这个好机会，足一通儿玩儿。买过五分钱的牛蹄筋儿，倍儿烂乎儿，特好吃，味道真是好极了。现在卖的牛蹄筋儿十多块钱一斤，味儿比那会儿差远了。

最高兴的是在宝三儿跤场看过摔跤。那时宝三儿已不怎么下场子摔跤了，是他的几个徒弟摔。而我至今想起仍感到幸运的是，我看过宝三儿表演的中幡。不是在天桥儿，而是在另外一种场合。那是20世纪的50年代末，记不清具体是哪一年了。北京群众上街游行，声援巴拿马人民为收回巴拿马运河的所有权而进行的斗争。一支由天桥儿的民间艺人组成的游行队伍格外引人注意，其中就有宝三儿及其徒弟们。他们从天桥儿出发，走一段路就表演一会儿节目。人聚多了就带领群众高呼支持巴拿马人民反美爱国的正义斗争等口号。因为他们走的是南新华街、顺城街，直奔前门，然后再去天安门广场。而我住家就在南新华街路西的一条胡同儿里。那天被我看见，正好儿下午又没课，惊喜万分的我便随队前行。可能由于这次是“政治任务”的原因吧，那天宝三儿带领众弟子们耍的中幡好像个儿比平时玩儿的幡要大，足有十多米高。表演者们特别认真，卖力气，配合得非常默契。三四十斤重的幡，在他们手里接过来、扔过去，用头和鼻梁顶，用肘和肩接别人扔过来的幡，平衡掌握得好，特别稳。还用大拇哥（大拇指）、二拇弟（食指）将幡顶起。这次的中幡表演，宝三儿显示了深厚的功力和技巧。他在接过徒弟扔过来的幡之后，用难度非常大的“小妞妞穿兜兜儿”（小拇指）将幡高高顶起。这时他突然来了一个前滚翻，坐在地上又将中幡稳稳地举起……演毕，虽然当时已是秋天了，可我看到宝三儿穿的坎肩儿已经被汗水浸湿。他坐在地上，从衣兜儿里掏出了不知是鼻烟还是避瘟散，在鼻孔上抹了五六下。这次宝三儿等人的精彩表演使我大开眼界，至今想起仍激动不已。由此也再次证明了，许多天桥儿的民间艺人都是身怀绝技的。那句“天桥儿的把式——光说不练”的说法是不公平的。像宝三儿这种有独门绝技的天桥儿艺人也受到了国家的重用。他曾是北京市重竞技运动协会的副主席，还多次担任市及全国中国式摔跤比赛的裁判长。

老北京 民俗百图

此中国卖鸭蛋之图也。

其人由胜芳买来若干，在京腌咸，卖与人食之，其味甚美。注：胜芳镇，地名，在北京通天津的路上。

始建于1953年的现代化的天桥剧场

大约是20世纪的50年代中后期，可能是1957年，天桥儿的曲艺、杂耍儿等行当的艺人都组织了起来，成立了“宣武说唱团”与“宣武杂技团”等，不过，在1967年时即宣告解散，这些演员们大都改行，相当一部分人被分配到“宣武区服务公司”所属的几个旅店工作。其中有宝三儿的徒弟马贵宝、侯长瑞，练武术的吴长印，说评书的马广风，唱大鼓的刘田利、宋相臣、宋相林、蔡连贵、高连升等。因我也在旅店上班，所以有了接触和了解这些天桥儿民间艺人的机会。

20世纪70年代初，由单位抽调出来的人员参加人防工程的施工。在休息时，我与吴长印等人聊起了过去天桥儿民间艺人卖艺之事，获得了不少知识。谈起练功，当时离开天桥儿多年的他用手掌很轻松地将一块红砖劈为两半截，使在场的人感慨不已。天桥艺人的武功确实了得。

多少年来，天桥儿就是身怀独门绝技的民间艺人的大舞台，是各种风味儿小吃的大餐厅，是什样旧货的大卖场，是平民百姓的大乐园。民间艺人们在这里为我国民间艺术的继承、发展和繁荣做出了很大的贡献。

“酒旗戏鼓天桥市，多少游人不忆家。”天桥儿是京城市井文化的奇葩。

商业老街

大栅栏儿

老北京 民俗百图

此中国卖『图儿』之图也。

其人在京城内外采访奇怪之事，编成词语，刷印数张，在沿街吆呼卖于住户观看也。

地处原宣武区的大栅栏儿是北京最著名、最古老、最繁华的商业街。在十几米宽的街道两旁，店铺、商号鳞次栉比，多家中华老字号云集于此，终日人流不断，曾有“繁华市井何处有，大栅栏里去转悠”的美誉。这里基本上保留了旧有的文化风貌，蕴涵着丰富的文化资源和人文瑰宝。

大栅栏儿距今已有500余年的历史了。在它的北边有三条通往前门大街的胡同儿，均是东、西走向，分别叫廊房头条、廊房二条、廊房三条。而它是第四条，所以原来名叫廊房四条。大栅栏街名的由来要追溯到明朝孝宗弘治元年（1488年）。当时京城实行“宵禁”，为了防止窃贼，由朝廷批准，在京城的一些主要街巷的路口处，建起了木质的栅栏。据《钦定令典事例》记载，到了雍正时，外城栅栏有440座。乾隆十八年时，内城有栅栏1919座，皇城内196座。因廊房四条商业集中，繁华热闹，栅栏制作得出众而且较高大，保留的时间也最长，逐渐地不叫廊房四条，而改称大栅栏了。北京人讲话带有儿化音，语速也较快，大栅栏的发音为“大食辣儿”。

这是一条东西走向的街道。东口儿在如门大街路西，西口儿处是一个小十字路口儿，南、北两条街均叫煤市街，西面的街道是观音寺街，一直往西是一个三岔路口儿，左边往西是铁树斜街，右边向西斜着下去的叫樱桃斜街。20世纪60年代初，北京的街巷名称做过一次调整，将观音寺街改名为大栅栏西街。古老的商业街大栅栏指的是只有200余米长的、通往前门大街的东边那一段路。

这条古老商业街的繁华是与前门大街及整个前门外地区的商脉通盛紧密相连的。会馆、旅店、饭馆、茶肆、戏园子、车站及妓院等均在前门外地区。所以也就决定了这里是人口稠密之处。人多，花销就大、购买力就会很高，这是繁华热闹的主要因素。

几百年来，大栅栏儿在众多的商家店铺中，传承下来的各有特色、讲究信誉、闻名海内外的老字号有：

同仁堂药店、六必居酱园、内联升鞋店、步瀛斋鞋店、马聚源帽店、张一元茶庄、瑞蚨祥绸布店、天蕙斋鼻烟店、大观楼电影院、同乐电影院、庆乐戏院、前门小剧场（原名广德楼，现又恢复了原名）等。这里面历史最悠久的是六必居酱园，创建于明代；其次是同仁堂药店，为清康熙四十一年（1702年）创立，距今有300余年了。

今日依然热闹的
大栅栏商街

我住家离大栅栏儿不远，而工作单位就在大栅栏西街，所以我对这里是再熟悉不过。一有时间，买不买东西的也要去大栅栏儿转一圈儿、逛一会儿。那些年单位里工会发的电影票大都是同乐和大观楼影院的，每个月最少看一次。记得20世纪60年代初，全国第一部立体宽银幕故事片《魔术师的奇遇》在大观楼影院上映，场场满座，因为全市只有这一家影院可以演立体宽银幕片儿。所以凡是想看这部片子的，甭管住在哪里，都得到这里来。大栅栏儿里更是人山人海，热闹非凡。这部片子我看过两次，买了票，进门儿每人发一副特制的眼镜儿，看时戴上，立体感特强，演完退场时再把眼镜儿交回去，觉得特新鲜。那时庆乐戏院也有演出，鸣华京剧团（后来叫风雷京剧团）每天晚上都在这里演出京剧。而前门小剧场的演出也是很吸引人的。当时北京曲艺团在这里演出精彩的曲艺节目，计时收费，10分钟3分钱。我不是每天来也是隔三岔五地来看一次。很多曲艺名家都曾在这里登台献艺，像李金斗、赵振铎、赵世忠、高凤山、王学义、张蕴华等。而至今想起，我印象最深的就是大栅栏儿小吃店的各种地道的京味儿小吃。这家小吃店坐落在大栅栏儿的西口儿路北处，是两层小楼儿。经营的京味儿小吃品种十分丰富，味儿也很纯正，绝不逊色于南来顺和隆福寺的小吃。我那时常吃的火烧就有好几种，像油酥火烧、糖酥火烧、咸酥火烧、糖火烧，蜜麻花、脆麻花，芝麻烧饼、马蹄烧饼，豆腐脑、面茶等应有尽有，各种炸货儿更是齐全。而且不同的时令卖不同的吃食。像正月十五有什锦馅儿的生熟元宵；端午节卖粽子；夏景天儿有奶酪、杏仁豆腐、刨冰等。我每去大栅栏儿绝不空腹而归，捡样儿买，这里卖的所有小吃我几乎都品尝过。但每次来都要排队购买，大栅栏儿小吃店的生意倍儿火。

老北京 民俗百图

此中国卖白薯之图也。

其人将生白薯挑至家中用净水洗过，放入锅内蒸熟，街巷零卖，其味甜，不堪解饥，不宜多食。

大栅栏里的老字号瑞蚨祥鸿记的气派门脸

北京过去有句俗话叫“头顶马聚源，脚踩内联升，身穿瑞蚨祥，腰缠四大恒。”这里提到的三家卖鞋帽、绸布的老字号马聚源，内联升、瑞蚨祥都在大栅栏儿里。

现如今，大栅栏儿里的两家影院和两家剧院早已没有了演出改做他用了。那家小吃店也早已停业多年。现在的大栅栏儿冷清了许多，已繁华不再。这是市场经济使然，还是现在的大型商场在京城建的太多了的缘故，不得而知。只能在梦中去逛昔日的大栅栏儿了。

大型市场

话东安

老北京 民俗百图

此中国卖槟榔之图也。

其人用柜笼内装安南、海南槟榔，沿街售卖，每枝用剪夹碎数个，买去零星食之。

老东安市场在东城区，有四个门儿，北门儿、西门儿、中门儿，还有一个南门儿。从王府井大街可从西门儿和中门儿进入。这是当年京城的四大商场之一，大都是平房（其他的三个商场是百货大楼、人民市场、西单商场，东城区占了三个）。在四个商场中，东安市场是历史最悠久的，始建于清光绪二十九年（1903年），距今已100多年了。

那时东安门大街有很多商摊儿及店铺，因这里离紫禁城很近，一些皇亲国戚及大臣也在附近有住宅。而摊贩及购买东西的人很多，经常发生拥挤、堵塞的情况，使道路通行不畅，影响了达官贵人们的出行。

有的官员，像住在金鱼胡同的步兵统领那桐等人向朝廷提出拓宽路面、整顿市容、组织摊商的主张。于是，将所有在此地设摊儿的商贩全部迁移到东南面的一个早已废弃不用的八旗兵神机营的练兵场。这就是最早的东安市场。

由于东安市场地理位置优越，交通便利，来此购物、闲逛的人众多，市场迅速发展了起来。卖各种物品的摊位越来越多，成了一个集布匹、服装鞋帽、餐饮、书店、游艺及日用品等的大型超级市场。清末出版的《京华百二竹枝词》中有对东安市场的描述：“新开各处市场宽，买物随心不费难。若论繁华手一指，请君城内赴东安。”由此可以看出，那时候的东安市场已具相当规模，在京城中已很有名气了。另据有关资料记载，民国时期的东安市场共有16个经营区，包括畅观楼、青霖阁、中华商场、丹桂商场、桂铭商场、霖记商场、东庆楼等7个小商场。共有各行各业店铺257户，摊贩658户。

如今的东安市场，早已不复往昔的风貌

东安市场北门儿处的吉祥戏院，可以说是市场的组成部分。最火的时候，白天夜晚都有演出，而且不少名角儿在这里登台献艺。像梅兰芳、马连良、谭富英、金少山、杨小楼等。晚场的大戏散场后，相当数量的观众到东安市场吃夜宵及购物。因为市场很晚才关门，就是为了等候大戏散了之后来此消费的观众，这也是当时东安市场经营红火的一个原因。

记得儿时父亲带我去逛过几次东安市场。因为职业的关系，每次去父亲总是在古旧书摊儿前驻足，并长时间地翻看一些旧书，有时还买走几册。我就站在旁边等着，也不敢到处乱跑，心里特不耐烦。所以那时的东安市场对我来说并没有什么深刻印象。待我长大，特别是工作以后，王府井这条繁华的商业街我常去，而东安市场当然是必去之处。

20世纪60年代初，我和一位叫王靖的朋友在东安市场里的一家叫“和风”的日本餐厅吃过饭，牌匾是郭沫若题的。这家餐厅经营西餐和日本餐。我们吃的是西餐。两个人酒足饭饱、吃得挺好，才花了6块多钱。其中有一道可以算是大菜的“铁扒杂拌”，这个菜还不到3块钱。在这个东安市场里，还有一家老字号饭馆东来顺。20世纪80年代初，我涨了工资，在这里请几位同事吃饭。那时大街上还很少有卖烤羊肉串儿的，而这里已经有了，而且很有特色。那会儿市场里还有一家名饭馆叫五芳斋，却从未登过门。而最常吃的，是位于市场北门儿附近的小吃。忘记了这家小吃店的字号了，只记得吃得最多的是奶油炸糕和杏仁豆腐。

“文革”时，东安市场更名为“东风市场”。这个字号烙有那个特殊时代的革命印记。之后的1988年又恢复了原名东安市场。再后来全部拆平，盖起了与其他大型商场无异的、现代化的高楼大厦，称“新东安市场”，从此我就不再登门造访了。

老北京 民俗百图

此中国卖玻璃镜之图也。

其人将碎玻璃熔化，飞薄片，用纸镶好，上画人物等项，用秫秸夹之，身背纸箱，沿街售卖也。

旧京时的“四大恒”

“头戴马聚源，身穿瑞蚨祥，脚踩内联升，腰缠四大恒。”小时候我就听大人们说过这句在京城流传多年的谚语。前三句说的是京城老字号深受百姓青睐的名牌产品。戴帽子必须得是马聚源生产的。身上穿的衣服一定得买瑞蚨祥的绸缎裁做。而脚上穿的鞋，非内联升的千层底不可。如此，头上的、身上的、脚上的都有了，那么腰里缠的四大恒肯定是腰带了，不少人产生了这样的误解。其实不然，四大恒指的是四家著名的钱庄。腰缠四大恒是腰里缠着四家钱庄的银票，这句谚语勾画出了当时京城最讲究、最时髦、最有钱的富人形象。

老北京 民俗百图

此中国卖茶汤之图也。

其人肩挑水桶、火壶，遇食者，开水冲面成糊，上撒红糖，其味甚甜，当作点心而已。

说起四大恒，它的历史要追溯到清代乾隆年间。在京城的东四牌楼一带，有一祖籍浙江慈溪姓董的人摆摊儿兑换银两、铜钱。经过几年的努力，资金积累得较为丰厚了，就在东四附近先后开设了四家钱庄。字号都带恒字，分别是恒利、恒和、恒兴、恒源四大钱庄，人称四大恒。其中的恒利是主店，在东四东大街，恒和在东四北路西，恒兴在隆福寺东口，恒源位于东四东路北。这四大钱庄在京城的名气大，影响面广、资金雄厚，发行了银票在市场上流通。解决了银两携带不方便、不安全等问题，受到了市民及各界人士的欢迎。四大恒声誉大振，风靡京城。

四大恒之所以兴旺发达，最主要的原因是地利好。东四地区的商脉极盛，朝阳门、东直门等地是木材、粮食及其他外地商品进京的主要通道。朝阳门地区的一些货栈、仓库等也带动、促使金融及贸易的发展。极佳的地理位置及独到的经营理念和有力的管理，四大恒在光绪初年发展到了鼎盛时期。

四大恒在八国联军入侵北京时遭到了灭顶之灾。据《中国金融简史》载："1900年（光绪二十六年）八国联军入侵沿途烧杀掳掠，京津一带钱庄亦不能幸免，遭到侵略者的大肆抢劫，继以焚烧。库银、房屋契据荡然无存。北京的300余家钱庄几乎无一幸存。其中最大的四家钱庄，亦称所谓的四大恒，现银全被侵略者洗劫一空。从此北京的钱业一蹶不振。中国的金融中心也从北京移到上海。"就这样，在北京金融业占有重要地位、在广大民众中深得民心的四大恒于1910年关闭，它的辉煌就此成了历史。

旧京的织染业

与

颜料店

旧社会北京的市民生活很苦，穷苦人占大多数。一件衣服要“新三年、旧三年、缝缝补补又三年。”而这所谓的新衣服也是在布铺扯一块本色儿的白布或布头儿，再买点“煮青”“煮蓝”等色儿的颜料自己漂染后再做。正是这种社会和人们生活的状况，促进了织染业和与之密切相关的颜料店的生存和发展。所以那时的各种织布作坊、染坊和颜料店几乎遍布全城。据《北京工商史料》载，民国二十四年（1935年）全城的颜料店有89家，仅崇文门外大街一带就有“金记”“长茂公”“同兴永”“年益德”等十余家。京城100多个行业工会里，最早的当属颜料工会，大约成立于明代晚期，会址设在崇文门外三里河的北芦草园。

织布作坊织出的布大都很粗糙，谈不上什么品种，只是一种斜纹儿布，好一点儿的是单面及双面的卡其布，这在当时就是很不错的了。

染坊是专门漂染衣服和布匹的。中华人民共和国成立后那些织布作坊逐渐没有了。而洗染店（中华人民共和国成立后的名称）一直到20世纪的六七十年代仍然存在，只是到了后来只洗而不染了。因为随着人们生活水平的提高，已没有人再拿着破旧衣服去染色儿了。

旧时的颜料店大都是山西人经营的。商业招幌很特别，是用幌杆和花棒组成。各色颜料都是零售，买多少都行，现称、现打包儿。后来一位张姓山西人经营的“兴华行”颜料店推出了一种袋装颜料，各种颜色都有，每袋二两。这就是著名的“骆驼牌爱耳染色”。

这种颜料包装较为精致，上面印有彩色椰子与骆驼图案。这家颜料店最早在和平门内路西的绒线胡同，发家以后迁到了崇外花市上三条。在崇外大街南头儿路东处也有车间。这种骆驼牌染料不但色种齐全、使用方便，而且着色牢固、包装精美。煮颜料时放入一点儿食盐，染好的衣物基本不褪色。

骆驼牌染料是国产颜料的名牌产品，在当时街头的绒线铺里（小百货店）都能买到。不仅在全城，即使是外埠也很畅销。中华人民共和国成立以后这个品牌被保留了下来。我记得“文革”时期，“国防绿”军装特别受年轻人的喜爱。我曾在商店买了两袋骆驼牌“煮绿”染料，染了一顶帽子和一条裤子。当然没有真正的军绿颜色正，可是穿戴在身上仍感到很自豪。现在这种曾经深受百姓欢迎的骆驼牌颜料早已淡出了人们的生活。

老北京 民俗百图

此中国卖春联之图也。

此系能写大字之人，年底无事，用桌一张，备下纸笔墨砚，沿街摆摊，书写对联卖之。

京城的牌楼

牌楼，又叫牌坊。其材质有石制、木制和琉璃制三种。它是中国古代建筑的经典，也是中国文化的一种象征。

牌楼是中国的发明创造，它的历史非常悠久，其形式也有诸多变化。最早是由人们居住的街坊的大门演化而来的。它的原始功能是起分隔院落及供人从其下面出入之用。据有关专家考证分析，牌坊早在周朝的时候就已经存在了。《诗·陈风·衡门》载：“衡门之下，可以栖迟。”所谓衡门，也可以说是牌楼的鼻祖，是非常原始的牌楼。即以两根木柱，上面架一横梁而已。之后，在门头上为了防雨及美化，又架椽、加木板，装斗拱、檐楼、彩画等，逐渐形成了牌楼式大门。又经过不断改进，建于街巷入口处，成为区域的标志。《京师坊巷志》载：“幽州域凡二十有八坊，坊有门楼。”说的就是牌楼，它在建筑群落中起到了一个点缀作用，是一种装饰品。

有一位美国社会学家名叫罗斯，他在19世纪的时候曾访问过中国。其著作《变化中的中国人》中写道：“只要有石头的地方，沿途你就会看到一些横跨主路的纪念性拱门，这些建筑就是经过官方许可后建立的名闻遐迩的牌楼。”

此中国卖大碗茶之图也。

琉璃厂西街东口华夏书画社的铺面牌楼

东城区国子监前成贤街的牌楼

北京是全国也是全世界牌楼最多的城市，有很多的地名都有牌楼两个字，像东单牌楼、西单牌楼、东四牌楼、西四牌楼等。其地名的起因正是因为这些地方有高大的牌楼傲然屹立。据资料记载，北京曾建各种样式的牌楼三百多座。随着社会的发展、时代的变迁，在20世纪的50年代以影响交通、妨碍市政建设为名，北京街头有很多牌楼被拆除了，像上面提到的这几个地方。既然牌楼没有了，地名中的牌楼两个字也就省略了，所以，现在就叫东单、西单、东四、西四，年轻人绝对不会知道这些地方曾有牌楼存在。在那个年代，京城被拆除的著名牌楼还有西长安街牌楼、东长安街牌楼、帝王庙牌楼、西交民巷牌楼、东交民巷牌楼、景山前街大高玄殿牌楼、地安门大街牌楼、前门大街五牌楼等。

在拆除的这些街头牌楼中，前门大街五牌楼在我的记忆中是比较深的，因我家离前门大街不太远，常去那里玩儿。一般的牌楼是一个或三个拱门，而五牌楼是五个拱门，中间的较大，左右各有两个较小的拱门，均能从下面通过，故称五牌楼。20世纪50年代拆五牌楼时，曾听说要将其迁移至陶然亭公园。因我那时年岁小，对此事不太关注，只是听大人们议论而已，亦不知是否如此。可是后来我们学校上陶然亭公园"过队日"还真看见了牌楼在这里矗立着，位置就在进陶然亭公园北门不远处，为南北方向。当时没有注意是否前门大街的五牌楼。再后来我已长大成人，再去陶然亭公园，这个牌楼已经没有了，是又移到了别处还是最终拆除了，就不得而知了。

由于从前京城的牌楼很多，虽然街上的牌楼拆除了不少，但还是有保留下来的。这些历经风雨幸存的牌楼，除了陵寝、坛庙寺观门前的，像十三陵、西陵、北海小西天、八大处、地坛等的牌楼外，还有朝阳门外神路街口的琉璃牌楼、成贤街的四座木牌楼等。再值得一提的是中山公园里的那座牌楼。它最早建在东城区总布胡同西口处，那时的名称叫"克林得碑"。第一次世界大战后，移建在中山公园里，改名为"公理战胜"坊。中华人民共和国成立后易名"保卫和平"坊，是由郭沫若同志题写的。

上面谈到的京城的牌楼大都是清代的。近些年北京的街头出现了新建的牌楼，其功能就是纯粹的点缀和装饰，因而它上面的图案花纹更加繁复、颜色更加鲜艳。像前门大街和长安街上贵宾楼饭店门前的牌楼等。另外，还有一种门面牌楼，例如，原宣武区西琉璃厂东口路南的“华夏书画社”，其铺面的门窗之上就是油漆彩画、绚丽多彩的牌楼。虽然这些牌楼均是依照传统式样，但突出了美化环境的成分，现代色彩是很浓郁的。

那些传统的老牌楼与胡同儿、四合院儿一样，最能够体现北京的风格和特色，有着深厚的文化底蕴和沧桑的历史。然而，随着半个多世纪的城市改造和危旧房拆迁，这些成了老北京人正在和已经失去的梦。如今具有北京文化历史传承符号的标志性建筑已经不多，更加显得弥足珍贵了。

老北京 民俗百图

此中国卖吊炉烧饼之图也。

其人用泥炉一个，内烧劈柴，铁链挂在梁间，以白面做成烧饼，上粘芝麻，放在泥炉之下铁盘内，少刻竟熟，名曰吊炉烧饼。

中山公园内的“保卫和平”坊

老北京扇庄

扇庄即经营扇子生意的店铺。要谈扇庄，先说一说扇子。

俗话说："立了夏把扇架。"那摇动可拂暑，举起能遮阳，素有"半把伞"之称的扇子，在我国有着悠久的历史。

大约在西周初期已有用颜色漂亮的山鸡羽毛制成的"羽扇"。东汉以后，开始用丝、绢、绫罗等织品做扇。形状有圆、长圆、梅花等，称之为纨扇或团扇，也叫合欢扇。扇面上绣以花卉等图案，其柄有竹、木、骨等，并有流苏、玉器等扇坠儿做饰物。这种团扇大都是娴雅文静的闺阁仕女所用。写到这里想起了唐朝诗人杜牧的那首著名的《秋夕》绝句："银烛秋光冷画屏，轻罗小扇扑流萤。天阶夜色凉如水，卧看牵牛织女星。"仿佛使人看到了一个天真洗染的美丽少女，在清凉如水的秋夜，用轻巧的团扇扑逮着闪闪流萤的情景。

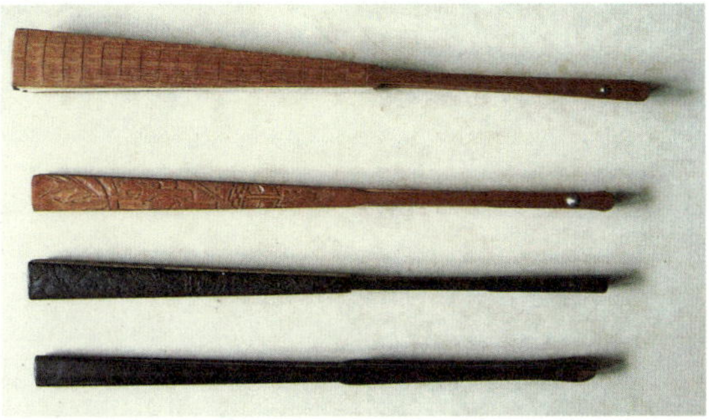

传统折扇的竹制扇骨

老北京　民俗百图

此中国卖豆腐脑之图也。

其人由豆腐房贩来熟浆，盛于其挑罐内，自用石膏点成豆腐，其嫩无比，用麻酱、油、醋拌而食之也。

折扇也叫撒扇、聚骨扇，出现在北宋初年。扇骨很讲究，有牛角、象牙、玳瑁、红木等料制成。有的竹骨上用阴刻、阳刻、沙地等技法，刻有山水、花卉、人物等图案，十分精致。折扇的扇面是加厚并加了矾的熟宣纸制成的，分为两面，扇骨有7、9、12、14、16、18股之多。一把扇骨的数量多少得和扇面夹层处的空隙数相符，尺寸也得合适，这样才能将扇骨插入扇面。两边的大骨粘在扇面的两端，否则，扇骨和扇面互相配不上，带骨的扇面叫成扇。扇骨的款式是按扇骨下端的聚合处的形状来区分，有和尚头、也称圆头，并分为葫芦圆头、梅花圆头、瓜楞圆头等。在圆头的扇钉（轴儿）处，有圆形的象牙、玉石、玳瑁等材料的镶片儿，十分精致。此外还有方头、如意翻轮等款式。竹质扇骨所用竹子种类很多，有方竹、毛竹、芝麻竹、湘妃竹、玉竹、棕竹等。

最早在扇子上题诗作画是三国时期。当时杨修为曹操画扇“误点成蝇”（见唐代张彦远的《历代名画记》），这个故事后来广为人知。从南宋始，特别是明、清及民国以来，文人墨客在扇子上题诗作画（包括画团扇）已成为一种时尚。于是，便出现了修理、配制、出售、书画扇子的专营店铺——扇庄。

旧京时，除了琉璃厂的几家南纸店及有的画店（像荣宝斋、清秘阁、松古斋等出售没有书画过的素扇面、包括冷金扇面和代客请名家书画扇面）外，最著名的还有东琉璃厂的清翰斋扇庄、打磨厂东口的戴廉增扇庄等。据有关资料记载，这几家扇庄均是清中早期开业的。在这里，顾客拿着扇骨可以配扇面，也可以拿着自己的扇面选配合适的扇骨，扇庄的伙计负责黏装好。还能够挑选装配好了的素成扇，亦可买当时名家书画好了的成扇，内容有山水、人物、花鸟、书法。而指定书画家书画指定内容的扇面也是很受藏家欢迎的业务。

折扇最爱坏的部位是扇钉也就是轴儿。若要断了，这把扇子就散架了。扇庄的人可以用牛角及牛筋烫制。牛角是黑色的，烫制好的扇钉小巧黑亮、像老鼠的眼睛，故名“鼠眼钉”。而牛筋颜色发黄用其烫制扇钉就次之了。

从前还有一种“送货上门”服务的，就是一到了夏景天儿，就有走街串巷修理扇子的。这种小手艺人肩挎一个缀有铜铃的小木箱，走动时便发出声响，起到“报君知”的作用，从不吆喝。在当年各种吆喝声不绝于耳的胡同儿里，这是无言的货声。铃声传得很远，一听就知道是修理扇子的来了。

现在的京城早已没有这一行人了，就是在琉璃厂很多店铺中也找不到烫扇钉、配扇面的。可是，这些年在京城的一些艺术品拍卖会上，大都能看到名家书画的扇面和成扇。那些品相好、名头儿大的作品价格不菲，像齐白石、张大千、吴作人、潘天寿、王雪涛等名家的成扇都曾创下了高成交额的记录。

扇面以它独特的艺术魅力令人赏心悦目。作为一种深受人们喜爱和藏家青睐的艺术形式，有着无限的生命力。我想，社会发展到了今天，空调、电风扇空前地普及，但它们挑战的只是扇子的纳凉功能，而扇子所特有的家居装饰、外出实用、艺术欣赏和收藏价值，是空调和电风扇无论如何也替代不了的。

著名画家汪慎生先生绘制的扇面

著名书法家启功先生绘制的扇面

著名画家吴永良教授绘制的扇面

原东北军名将郝光炎书写的扇面

老北京 民俗百图

此中国卖估衣之图也。

其估衣俱系穿旧，自当铺或小市各处买得，四季单、夹、皮、棉、纱各色衣服，在街市设摊售卖，名曰估衣。

京派画家

贺良朴

在我国的“中国画”坛上，大致可分为以下几个流派：长安画派、海上画派（上海地区）、岭南画派。在北方则是以北京、天津为代表的北京画派，也称京津画派、京派。这篇小文写的就是京派的代表性画家——贺良朴。

贺良朴（1861—1937），字履之、号篑公、篑庐主人，湖北蒲圻人，久居京华。原来的住宅在西城区二龙坑（现在的二龙路）麻豆腐作坊胡同，其斋号为“篑庐”。在画作上除了署其名、字及号外，还常以“梅雨吟馆”“南荃居士”落款。他是清代的举人，著名的画家、诗人和美术教育家。诗作有《南荃诗钞》十卷、《南荃词钞》一卷及《南荃述学》《五州三十年战史》《海春桥传奇》等著作，在民国后，应蔡元培之聘任北京大学画法研究会导师，后来又任艺专教授、中国画系主任等职。许多现代的著名画家均出自他的门下，像胡佩衡、吴镜汀、秦仲文、惠孝同、李苦禅、王雪涛、周元亮等。贺良朴的画还曾多次在国外展览，并被英国、日本、意大利等国的博物馆收藏。写到这里，想起了父亲当年与贺良朴的交往及我家收藏的几幅贺良朴绘制的山水画。

从前父亲是研究版本目录、经营古籍善本的。从十几岁便从河北农村来到北京，在琉璃厂地区的海王邨公园里的一家古旧书铺“养拙斋”学徒。三年零一节、学徒期满，留在店中帮助掌柜的工作了几年，然后就自己单干了。因为没有门脸儿房，便在家中经营古旧书。用一辆带有宽大后架的德国“蓝牌”自行车给一些文人墨客及各大学图书馆等处送书。因为是同行的关系，他也常去在琉璃厂有门脸儿房的书铺串门、找书。例如位于西琉璃厂路南，王富晋的“富晋书社”、陈济川开的“来薰阁”、郭纪森开的“开通书社”、王禹开的“藻玉堂”等。也就是在这里，在文风古韵的琉璃厂，通过古旧书，父亲认识了很多的文人墨客，都和他们成了书友。其中就有常到琉璃厂来找书、看画儿的贺良朴。

老北京　民俗百图

此中国卖蝈蝈之图也。

中国冬夏俱有蝈蝈。冬月有三种：黑紫色者为山蝈蝈，乃山中向阳处生者；青色是嫩的；绿色者难得，乃系用蝈蝈子在暖处养成，人力为之，其价甚昂也。

贺良朴先生的水墨山水小品

记得父亲曾经跟我讲过，我家藏的这几幅画儿是贺良朴在20世纪30年代初的时候画的。那时，父亲给他找过几种史学类的木版线装书，书名父亲告诉过我，今已不记得了。他还曾到贺良朴在二龙坑（现在的二龙路）的家中给其送过书，其中有清代木版彩色套印的画册。因为父亲平时喜欢收藏名家的字画，便求贺良朴画了几幅精致的山水小品。画风细腻，清雅韵致，笔墨功力十分深厚，真不愧是大手笔。这几幅作品至今仍完好无损地保存着。其中的一幅“柳荫路曲”一直挂在我的书房里。

综上所述，贺良朴在美术教育及文学上都颇有贡献。尤其是他培养出来的学生中，名家众多，真可谓桃李满天下，其中有的人的名气甚至超过了他。真是应了那句俗话了：“有状元徒弟没有状元师傅。”现在知道贺良朴的人倒是不多了。但无论如何，贺良朴是京派画家里最重要、最有代表性的一位。

贺良朴先生的两幅山水作品

京味儿京吃

京味儿小吃

近年来，无论是在庙会还是小吃夜市上，京味儿小吃的品种已不算少。我走过几回，品尝过几样，不知是生意人给做走了味儿，还是由于怀旧的原因，总觉得不如20世纪50年代那会儿的味儿好。还有些京味儿小吃至今已不见踪迹。

北京南城的厂甸儿以它那历史悠久、规模盛大的庙会闻名遐迩。在早先，这里有一个露天饮食摊——它形成于20世纪40年代中到20世纪60年代初“困难时期”——经营的品种有：炸丸子、大麦粥、杏仁茶、豆腐脑、茶汤、炒肝儿、老豆腐等十几种地道的京味儿小吃。每天上午从六点多一直卖到十点多钟。每天早晨我背着书包到这里吃早点，然后再去上学。和家长要一毛钱就足够了，可以拣着样地吃。

记得那时最爱吃的是“炸丸子白”的炸丸子。因此人姓白，卖了一辈子炸丸子，所以人称“炸丸子白”。这是一种卤丸子，用杂豆面加水和好，将粉丝煮后切碎，与适量的葱、姜末儿、五香粉及盐放入和好的面糊中，搅拌均匀，做成匀溜个儿的丸子，放入油锅中炸至外焦里嫩后捞出。用花椒、大料等作料打卤，以淀粉勾芡，再把炸好的丸子及豆泡放入卤中煮透，炸丸子就做好了。吃时盛入碗中，不用再加什么调料，只需放点儿辣椒、蒜就行了。“炸丸子白”的炸丸子在一只直径有二尺左右的黄铜大锅里盛放着，锅下面是个小火炉，那热气腾腾的炸丸子特好吃，5分钱一碗，若是钱不够了，3分钱也给你盛一碗。

鲜红诱人的冰糖葫芦，堪称北京小吃的经典代表

老北京 民俗百图

此中国卖江米人之图也。

其人用江米面合成五色，做成人物，用癞瓜做『刘海戏金蟾』，用鸡子皮做『胖妇人』，用核桃皮两块做玩物，并做花卉翎毛。

还有一种很好喝的大麦粥，用大麦仁儿和红豇豆熬煮，配以红或白糖，甘甜适口，老少咸宜。有一首杂咏：“香甜滑腻汁搁浓，豆麦熬成一色红。适口充肠堪果腹，问名却叫米双弓。”

忆及厂甸儿饮食摊群上的京味儿小吃，不能不提“琉璃厂三张”。20世纪40年代至50年代初，在厂甸儿、琉璃厂一带，活跃着三位张姓买卖人。除了地处西琉璃厂路南的“万德永”的掌柜的“矬张”经营蔬菜、水果外，葫芦张、豆汁张都是卖小吃的。

葫芦张以卖冰糖葫芦得名。糖葫芦一般都是天冷时卖。平时他就卖糖果、果子干儿等。他制作糖葫芦用料很讲究，像红果、苹果、海棠、葡萄、橘子等，要无虫无疵，个头儿要均匀，山药要直无弯儿、山药豆要个儿大、匀称。熬糖时对火候的掌握恰到好处，嫩了就拉粘儿，熬老了颜色变深，口感有些苦。要把糖熬到糖花晶莹、糖香扑鼻时才能蘸果儿。葫芦张蘸的葫芦不但糖又厚又匀，而且还配有瓜子仁儿、核桃仁儿、葡萄干儿等，不但有串儿果儿的，还有单果儿的。他蘸的“瑞雪丰年”的糖葫芦是以红果儿衬底，用白色的藕心儿当帽儿，可谓匠心独具。总之，葫芦张的糖葫芦花样繁多，做工精细，讲究质量。平时出车沿街叫卖，并备有竹制的“签子”，顾客交钱后可在签筒里随意抽，赢者可得糖葫芦。有杂咏云：“葫芦穿得蘸冰糖，果子新鲜滋味长。燕市有名传巧制，签筒转动与飞扬。”

再一位是大名鼎鼎的豆汁张——张殿臣。豆汁儿在粉房做得之后是生汁儿，分为老浆、清浆两种。清浆很稀，熬时需往里加放小米或白米，这就是所谓的豆汁儿粥。那种老浆即是豆汁儿的原汁。在早先，街头巷尾偶能听到“豆汁儿——粥噢……”的吆喝声。因为很稀的豆汁儿里加入米，味道很独特，消费的人不是很多，后来就没有卖的了。而那种老浆的不掺杂任何东西的豆汁儿一直喝到了现在。

最早豆汁张没有店铺，担着挑子到处叫卖：“甜酸——豆汁儿……”这苍凉的吆喝声时常在街头巷尾回荡。把扁担放下，两头一支就是座儿，随时都卖，豆汁3分钱一碗，一般的咸菜白吃不要钱。另备有较好的酱菜、辣椒油、焦圈儿等。豆汁张还赶庙会，在农历正月初一至十五的厂甸儿、三月三的蟠桃宫及每月初三、十三、二十三的土地庙等庙会上，常能看到他担着豆汁儿挑子的身影。20世纪50年代初，他在西琉璃厂东口路西处的老槐树底下，盖了两间房子。当时豆汁张年事已高，由其子、第二代豆汁张，张进忠夫妇经营。

我记得不知是谁说过一句话：“喝不了豆汁儿就没有资格看老舍的作品。”话虽有些偏颇却不无道理。在京味儿小吃中，最具代表性的就属豆汁儿了。

走街串巷叫卖的

随着经济的发展和社会的变迁，早已不见了担挑、挎篮儿、推车的小贩走街串巷地叫卖了。

在早先，每当深深的庭院里传来那京腔京韵、悠长悦耳的吆喝声的时候，幽静的胡同儿里便热闹起来了。大人、孩子们纷纷走出了平时紧闭着的大门，连买的、带看的这就把个卖东西的小贩给围了个不透风。甭管是卖什么小吃的，不开张的时候很少，孩子们见一个人吃，都吵闹着让大人给买。

到胡同儿里来卖小吃的大都是常来的熟人，偶尔也有生面孔。有的是白天来，也有晚上，甚至到了人们早已进入梦乡的子夜时分才能听到他们的声音。“饽饽沿街运巧腔，余音嘹亮透灯窗。居然硬面传清夜，惊破鸳鸯梦一双。”这首杂咏里说的硬面饽饽就是夜里才出来叫卖。这夜半小吃还有馄饨、焖炉烧饼、羊头肉、肉饼等。一声：“馄饨——开锅……”或“烫手热嘞哎——肉饼……”打破了夜的沉寂，唤出了刚听完大戏或打了一晚上麻将想吃点夜宵的大、小宅门儿里的有钱人。

老北京 民俗百图

此中国卖凉粉之图也。

其肩挑前一木盘，上列碗、筷子、醋瓶、作料、小盆等项，后有一木桶，内盛凉粉，此粉系元粉淘成方块，用铜片旋成细条，以油、醋浇之而食也。

灌肠是一种最常见的小吃，现在的一些副食商场里也有生灌肠出售。然而现在卖的灌肠是用淀粉、食用色素等加水和好，用手拍成坨状，可是那肠儿在哪儿呢？

顾名思义，灌肠得有肠儿，是用猪肠子做的。将猪肠儿里的东西弄出来，将肠儿洗干净，往肠儿里灌猪肝儿、碎肉及肥油和淀粉。灌好后，用小线儿将肠口捆紧，放锅内煮好后取出，这才是灌肠。吃时用刀切成片儿将，用汤油煎。那时走街串巷卖灌肠的担着挑子，一头儿是个小火炉，上放铁锅或铛；一头儿的木盘上搁着碟子及盛放盐水砸蒜的罐子。卖时将扁担的两头支起当座，很方便。除了走街串巷的以外，在街上还有卖灌肠的摊儿。也不知从何时起，灌肠不再有肠儿，变成了现在这个样子，整个儿一个淀粉坨子，真是有其名而无其实了。

老北京灌肠

记得20世纪50年代初时，有一位衣衫不整的老者，总是晚上九十点钟时，挎着一个竹篮子到我们胡同儿来卖硬面饽饽和“干崩儿”，这两样我那会儿都爱吃，尤其爱买他的“干崩儿”。是用半发面，擀成长条状，刷上油，做成螺旋状，和另一种小吃螺丝转儿相似。烙好后再烤成焦而不糊的金黄色，干、香、酥、脆，口感特好。

“肥——卤鸡……”常在饭口儿的时候听到这声吆喝。所谓肥卤鸡，就是卤水煮的较肥大的鸡。其制作精细，作料齐全，色泽金黄，香软不柴，风味儿确实独特。盛放肥卤鸡的是一个椭圆形、一尺左右深的木箱。两端钉有皮带。卖主儿背在肩上，用洗得很干净的一块白布盖着。右手提着一个木支架，卖时架子往地上一支，将木箱往上一放。卤鸡拆开卖也行，整只的买也可，悉听尊便。那会儿常有卖肥卤鸡地出现在街头巷尾。

前几年在街头看见有租柜台卖烤鸡的。有一家商店门前挂起红布横幅，上书醒目大字：“飞炉烤鸡”。每每路过此地我都琢磨一番：何谓飞炉？终不得其解。一次我上前冒昧一问：“这炉如何能飞？”店主说不出所以然。这时一位外乡口音的人说，从前北京就有卖飞炉鸡的。听后愕然。我寡见少闻，虽在京城居住了60多年，还真不知道有卖飞炉鸡的。后来一位朋友指点，肥卤鸡，吆喝起来发音与飞炉鸡相似，这时我才恍然大悟。

卤煮火烧也是一种常见的京味儿小吃，已有100余年的历史了，是从宫廷的苏造肉演变而成。因为苏造肉用的均是好肉，像五花肉、后臀尖等部位。传到了民间，为了降低成本，改用猪肥肠、肺等下水。京城最有名的卤煮火烧就是“小肠陈”了。他用十几味香料，加上炸好的豆腐泡、豆豉等与火烧一起煮制。那切成顶针段的肥肠嫩滑爽口、吸足了卤汤的火烧不糟不烂，越嚼越有味道。

老北京 民俗百图

此中国卖零绸子之图也。

其人在各地买来各色零绸，之集庙之中，就地铺包袱，上摆各（色）材料，每块可做何使用，其价若干，随口便讲，令人好买。

卤煮火烧也叫卤煮小肠，就是肥肠，俗称卤煮。20世纪60年代至70年代我常吃，不光是小肠陈卖，其他卖卤煮的也不少。那时很便宜，菜底2毛钱，火烧随便买，一两3分钱。要半斤火烧才1角5分钱，再加上菜底一共才3毛5分钱，味道香醇，连干带稀全有了，吃得很饱、很滋润。

窃以为，京味儿小吃是指那些多年来逐渐形成了自己独特风味儿的、北京特有的，而且为广大群众所喜欢食用的小吃。按照这个标准，当年在社会上曾流行一时的，像本书中提到的瞪眼食、羊肚汤等，由于经不住时间的考验，人们不爱吃及不卫生等原因，早已被淘汰了，还有的吃食没有形成地方特色。近些年，京城有的小吃店推出了小吃新品种，推陈出新可以，但先不要冠以京味儿，一种风味儿的形成不是简单的事情。

最近，我去了京城的几家著名的小吃店，品尝了几样“既要保持老北京风味儿，又要调整适应现代人口味儿变化的需要”的、改良了的传统小吃。我遗憾地感觉到，这种小吃，已没有了传统的风味儿，也没有了当年的风尘气，而是充满了御膳房的味道。

炸货儿

京味儿小吃分为宫廷、回民、汉民的三大系列，大约有600种之多。现在我们在小吃店等处吃到的还不到100种。而从前京城的寻常百姓每天当作早点常吃的、极普通的小吃是五种炸货儿，即油饼儿、油条、油炸鬼、焦圈儿和炸糕，再就是烧饼、火烧等。

现在的北京街头，早晨炸油饼儿的摊位不少，卖主儿大都是外地人。所卖油饼从和面、擀的形儿到炸的火候儿，全跟从前不大一样，大都在薄脆和油饼之间。从形儿上说，它比油饼大且薄。从口感上讲，它没有油饼厚实、筋道。说它是薄脆呢，它既不薄也不脆。炸的火候儿也不够，白不呲咧，简直不伦不类。这使我想到，眼下不但会做地道京味儿小吃的少了，且而懂小吃并会品尝的人亦不多。甭管做的味道和形状对与否，买的人还真不少。因为人们的生活节奏快了，为了赶点上班，在摊儿上随便买点儿吃。更有行色匆匆地拿着油饼儿什么的边走边吃，来不及细品，能果腹就得了。而现如今，绝大多数的年轻人，根本就不知道从前的京味儿小吃到底是什么样、什么味道。

老北京 民俗百图

此中国卖琉璃喇叭之图也。

其人用碎玻璃熔化，吹成喇叭。又有咘咘噔，以每逢冬春庙场，游人必买吹之。响声呜嘟嘟，连声吹之可听，俱买也。

还接着说这吃了多年的油饼，也是我最爱吃，也最常吃的。儿时老买“哈记烧饼铺”的油饼，地道、口感好。20世纪50年代时，“豆汁张”张进忠夫妇每天早晨在他的铺子里也卖炸油饼。因我上学的南新华街小学离这儿很近，所以我几乎天天都买两个“豆汁张”炸的油饼，5分钱一个，亦很正宗。那时炸的油饼，和的面软硬适当、碱用得不多不少、恰到好处。擀得较厚、个儿差不多都一边儿大。长20厘米左右、宽约10厘米。分为正反面（阴阳面），先入油锅的为正面，再翻过来炸的这面为反面。炸至金黄色，这油饼就该出锅了。如果在油饼快炸好时，往上面打一个鸡蛋，撒上点儿盐也可，不放盐也行，再炸熟，这就成了另外一种小吃，名叫“布袋子”，这么多年不见，大概也早已绝迹了。

提起油炸鬼，也称油炸果，是一种绝迹多年的小吃。用炸油饼的面，跟油条一样是两披。但油条的两披是连在一起的，而油炸鬼的两披是上与下部连着，中间为一个椭圆形的圈儿。又与焦圈儿有些相似，可是比焦圈儿大得多，且不像焦圈儿那么酥脆，炸的也是金黄色。20世纪50年代时，在“哈记烧饼铺”西边，即西琉璃厂路北处，有一个一间门脸儿的铺子，卖牛羊肉，早晨也卖早点，经营者为一满姓回民。这家儿的名号记不清了，这里专卖油炸鬼及豆浆等。别看经营的小吃品种单一，这油炸鬼却很有特色。在口感上既肉头儿、筋道，又带点脆口儿。儿时我和班里的同学时常去买油炸鬼，不喝豆浆，花几分钱买两个油炸鬼，边走边吃，至今想起仍口有余香。

油炸鬼虽然好吃，但这个名称很怪，一点都不雅，源于南宋时，奸臣秦桧以莫须有的罪名害死了爱国忠臣岳飞、岳云父子，引起了百姓的愤怒。把这个历史罪人放在油锅里炸也解不了人们的心头之恨。因桧儿与鬼儿发音相近，所以这道小吃就叫油炸鬼。

与油炸鬼有相似之处的焦圈儿，别名也叫小油炸鬼，更是京城百姓爱吃的一种小吃。据说最早是从御膳房传出来的，它的历史很悠久。

老北京炸货儿

老北京 民俗百图

此中国卖皮鞭子之图。

其人身扛一木架，所卖羊筋弓弦，大小皮条杆等物，沿街扛之而卖也。

“纤手搓成玉数寻，碧油煎出嫩黄深。夜来春睡无轻重，压褊佳人缠臂金。”这是一首写焦圈儿的诗。地道的焦圈儿炸得焦而不糊，酥脆油香。用它夹马蹄烧饼、夹芝麻酱烧饼或夹火烧等，都非常好吃。就是拿焦圈儿就着烙饼、馒头吃都能增加食欲。而喝豆汁儿时那就更得吃焦圈儿了。20世纪50年代，我常去“豆汁张”的铺子里喝豆汁儿，吃的焦圈儿就是“哈记烧饼铺”炸的。到了20世纪六七十年代时，东琉璃厂东头儿有一家饭馆叫“东顺泰”，卖家常便饭、炒饼等，早晨卖早点。这里的焦圈儿炸得最好，我常去买，每个2分钱，买10个才2毛钱。回到家，就馒头、就酒，又是一顿美餐。

说起炸糕，有奶油炸糕、桂花馅和豆沙馅炸糕等。奶油炸糕是一种传统特色小吃，很久以前就有。元代时蒙古族人都喜爱吃奶制品，奶油炸糕就是从那时的诸多奶制品中逐渐演变而成的，讲究炸至金黄色，里面放有鸡蛋、黄油、白糖、香草粉等，奶香浓郁，外焦里嫩，营养丰富。我是在20世纪70年代时，在老东安市场北门儿处的小吃店里吃到的，儿时没有吃过。那时常吃的一种炸糕是烫面炸的，圆形，直径约有六七厘米，中间鼓起，里面是稀糖馅儿，凉吃也很可口。我上小学时，每天早晨都有人给学校送来。在进校门处的传达室门前卖，同时还有其他的小吃。如今，这种烫面的稀糖馅儿炸糕我已有几十年没有见到了。

京味儿小吃是饮食文化的一部分，也是京味儿的重要组成之一，多少年来，一直承载着京城百姓的情感。可是，今天也在发生着不小的变化，除了失传、绝迹的小吃以外，还受到了外省市进京的一些“名特风味”的冲击。而有的小吃城、小吃夜市及春节庙会上的京味儿小吃，我真不敢恭维。简直是粗制滥造，不但走了形，而且串了味儿。近年来，京城有的小吃店在挖掘和恢复的前提下，推出了不少小吃新品种。有的连我这个老北京都没吃过，而且也从未听说过。是否京味儿小吃，且先不要急着命名，首先要得到京城百姓的认可和喜爱。只有人们爱吃，它才能站住脚，还要受到时间的考验，逐渐形成自己的特色。不过，我还是希望尽量多恢复那些断档的、地道的传统京味儿小吃，它不应该和那些消失了的胡同儿、四合院儿一样，成为老北京人心中的一种遗憾。

小吃也有

大文化

老北京 民俗百图

此中国卖糖瓜、糖饼之图也。

其人用糖做成（糖瓜、糖饼）设列摊子上，卖于军民人等祀灶神之用。每岁腊月二十三日灶君上天之日，均买此糖，焚香供祀，取其甜言蜜语，可为一家之主。

从前京城的京味儿小吃，除了走街串巷叫卖的和街上的散摊儿，还有几处较为集中的小吃店铺及摊群。厂甸儿是一处，另外还有天桥儿、护国寺、隆福寺、白塔寺、鲜鱼口、门框胡同等几处。从我记事儿的20世纪50年代，就经常吃各种京味儿小吃。但那时年岁小，家长不让去远处玩儿，说是不放心，怕我丢了找不着家。所以，离家远的地界儿没有大人带着不敢去。离家较近的，像门框胡同和鲜鱼口儿卖的各种小吃，我是经常去品尝的。

门框胡同是一条南北走向的胡同儿，其南口儿在大栅栏儿的中段，北口儿在廊房头条中间。整条胡同儿穿过了廊房二条和廊房三条。顾名思义，这是一条像门框一样很窄的胡同儿，宽仅5米左右，长100余米。就是这样一个窄小的地界儿，曾经是京城一条著名的小吃胡同儿。其形成在20世纪的二三十年代，到了四五十年代，门框胡同承载了京味儿小吃的黄金时代。这里有著名的爆肚儿冯、年糕杨、豆腐脑白、年糕王、豌豆黄宛、奶酪魏、复顺斋酱牛肉、祥瑞号（瑞宾楼）的褡裢火烧、德兴斋的烧羊肉、羊头马的白水羊头肉等。那时只要去逛大栅栏儿，准保去门框胡同，这儿卖的各种京味儿小吃，我几乎都吃遍了。但最常吃的是奶酪魏的奶酪、祥瑞号的褡裢火烧及羊头马的白水羊头肉。

奶酪为宫廷小吃。光绪年间，奶酪魏的第一代传人魏鸿臣从在御膳房当差的一位朋友那里学会了这门手艺。从此专卖奶酪，人称奶酪魏。这是用牛奶制作的传统风味儿小吃，其营养非常丰富。制作时很讲究火候儿，里面放有瓜子仁儿、核桃仁儿、葡萄干儿等果料，还有放松子仁儿的。淡淡的乳香与果料的香味儿交织在一起，很引人食欲。喝这种半凝固状态的光滑细腻的奶酪，不能大口儿喝，也不可用吸管，要用小勺，小口儿细品。那种入嘴即化的滑润、香甜的口感叫人百喝不厌，的确是一种享受。

除了门框胡同的奶酪魏卖的奶酪外，那些年还有走街串胡同儿卖奶酪的。我家住的胡同儿里也来过，喝过几次。记得奶酪是白的，就是里面没有放入果料。后来，到了20世纪六七十年代，在前门大街北段路西，有一家奶制品商店，供应热牛奶、奶酪、酪干儿，还有奶油蛋糕等。这里卖的奶酪也很有味道，几毛钱一碗，很受顾客欢迎，经常满座儿。

门框胡同的瑞宾楼是后来的名称，最早叫祥瑞饭馆。这儿的褡裢火烧远近闻名。这种吃食已有一百多年的历史了，因其形状像从前装钱物的“布褡裢”故此得名。有荤、素两种，用馅儿很讲究，除了肥、瘦肉搭配的比例合适外，还有虾仁儿、海参等多种作料，用高汤调制。将和好的面擀成薄片儿，把拌好的焰儿铺匀，折叠成长方两端稍圆的形状。我每每去门框胡同，看到在祥瑞号门口儿的大铁铛上煎着的褡裢火烧，滋滋地冒着油，色泽金黄，外焦里嫩，香味儿扑鼻，经不住这美味的诱惑，我总是进去买几两品尝。

奶酪魏的甜品，最早可是来自宫廷御膳房

说起羊头马，这是卖白水羊头肉的马玉昆的绰号。白水羊头肉创始于清代道光年间，迄今已有150多年了，马玉昆是其传人。他在门框胡同中段的廊房二条，有时也在门框胡同北口儿处的廊房头条，每天晚上推着一辆独轮木车，设摊儿卖白水羊头肉。从选料、清洗到煮制，都非常讲究。在煮羊头的过程中，不能添加任何作料，要用纯净的清水，这样，只有羊肉的香气而没有杂味儿。肉煮好晾凉后，用一把牛耳刀片（切）肉。这种刀的刀刃在靠近刀把儿的部分是平的，而刀刃向前延伸的部位呈弧形向上翘着，与刀背相交处形成刀尖儿，非常锋利。羊头肉片（切）好后，再撒上装在一个牛角中的特制的五香椒盐。

老北京 民俗百图

此中国卖仙鹤灯之图也。

此物用香面合成小嘎嘎头，一头有小孔，点着后头，烟从一头有孔（处）出，用火燃之，如同仙鹤样式，其名曰仙鹤灯。

我第一次吃白水羊头肉是20世纪50年代末我上小学的时候，记得是深秋的一个晚上。父亲带着我在位于廊房头条路北的清香园澡堂洗完澡，回家时在门框胡同北口儿往西十几米的地方，有些人围着不知在看什么。父亲告诉我，这是羊头马在卖白水羊头肉。我们走过去，只见手推木车上有一很亮的汽灯，一位头戴清真帽，围着白围裙的高个儿男人在车前用牛耳刀片（切）羊头肉。刀功极精，熟练之极，快似飞刀。片（切）下的肉片薄如纸，色如白玉，呈半透明状。父亲告诉我，每天晚上都有这么多人围着观看，就跟看刀法表演一样。我们看了一会儿，有几个人掏钱购买，父亲也买了半斤。我拿着用鲜荷叶包着的白水羊头肉，颠儿颠儿地跟着父亲走回家。这种秋冬季的时令小吃，味儿美耐嚼，厚而不腻、醇香悠远，别具风味儿，就馒头佐酒，均是最佳的选择。

除了羊头马的白水羊头肉最著名外，旧时还有走街串巷卖羊头肉的。其中也有卖酱羊头肉的。卖主儿手拿一个支架，单肩挎一椭圆形木箱，里面盛放着羊头肉。上面盖的箱盖儿翻转过来就是切肉的案板。有人买时，木箱往支架上一搁，现切现卖。夜里卖时，还有一长方形玻璃油灯。在幽深的胡同儿里，在冬季天儿的阵阵寒风中，时常听到那凄婉的吆喝声："哎——羊头肉嘞哎……"

鲜鱼口在前门大街路东，与大栅栏儿对着的一条东西走向的胡同儿，有几家早点铺，卖一些传统的小吃。像油饼、油条、烧饼、麻花之类。而这里最有名的小吃是会仙居和天兴居的炒肝儿。

据资料记载，会仙居创立于1862年。当初卖的是"白水杂碎"，是用切成小段儿的猪杂碎，像猪肺、猪心、猪肝等，加上调料，用白水煮成。因制作简单，不讲究作料，味道欠佳。后来经过改进，去掉了猪心、猪肺，改名为炒肝儿。名叫炒肝儿，实则以猪肥肠为主，猪肝所占比例大约为三比一。一碗炒肝儿里，大都是猪肥肠，只有一两块切的像柳叶形的较薄的肝儿。

会仙居的炒肝儿制作得既卫生又讲究。先用碱、醋及盐将肥肠浸泡、揉搓，再用清水洗净。上锅煮，开锅之后用文火炖，熟后切成“顶针段儿”（五分长的小段儿）。再将猪肝洗净，切好。作料有大料、蒜、黄酱、葱花、姜末儿及口蘑汤等。最后用淀粉勾芡，再撒上砸好的蒜泥。会仙居的炒肝儿，汤汁油亮酱红，肠肥肝儿香，味儿浓不腻，味道鲜美、老少咸宜。后来，到了20世纪30年代时，在会仙居的斜对面又开了一家天兴居炒肝儿店。其炒肝儿的选料、制作亦很精细，形成了与会仙居竞争、对峙的局面。但到了20世纪50年代中期，“公私合营”以后，仅保留了天兴居的字号。

炒肝儿这种大众喜闻乐吃的、地道的京味儿小吃，在现在的京城一些小吃店、早点铺及庙会上都能见到。但其味道不能与从前的炒肝儿同日而语了，是缺少什么作料还是制作方法与过去有异，不得而知。

老北京 民俗百图

此中国卖鲜花之图也。

头上所戴是妇人扦花针，手中花篮是鲜花穿的。中国鲜花四时不断，唯冬天所卖系薰货较之春夏，价增数倍。

炒肝儿是最受欢迎的北京小吃之一

年末与几位友人酒后闲聊，谈起了旧时的京味儿小吃，他们都说我这个人很讲吃喝、嘴馋。其实不是我馋，是那会儿的京味儿小吃的品种太丰富了，味道太好了。民以食为天，在美味佳肴面前，人们都免不了会垂涎欲滴，何况那时的物价非常便宜，兜儿里只要有俩钱儿都会大饱口福的。儿时我爱吃的小吃很多，若问我最爱吃的是什么，还真不多，只有两样：果子干儿和老豆腐。

顾名思义，果子干儿的制作，离不开水果。其做法是从宫中传出来的。儿时街上有摆摊儿售卖的，也有串胡同儿卖的。我在《京味儿小吃》中写到的琉璃厂三张之一的葫芦张，就卖果子干儿。因与我家是邻居，所以妈妈学会了果子干儿的制作方法，每年都给我做几次吃。有人说果子干儿是一种冬季时吃的小吃，而实际上，只要有果料，什么时候做能都成。夏景天儿镇凉了吃，不但口感好，还有消暑的作用。做果子干儿的材料是杏干儿、柿饼、藕、葡萄干儿等。做时先将这几样果料洗干净，待火炉上锅里的水开了的时候，把杏干儿放进去，煮七八分钟，将几个柿饼撕成小块儿也放入锅里，再煮五六分钟，然后把藕切成薄片儿，与适量冰糖一起倒入锅内，用勺子不停地搅拌，水再开俩开儿，撒上一把葡萄干儿，把锅从火炉上端下来，果子干儿就做好了。虽然简单易学，但却是非常好吃的一种风味儿小吃，尤其是孩子们更是百吃不厌。果子干儿讲究凉吃，冬季天儿放在屋外就行。夏景天儿需要把它用冰镇凉。喝着浓浓的汤汁儿，用小勺吃着那煮得松软的杏干儿，柿饼和鲜嫩的藕片，甜、酸、脆、凉，味道美极了。

老豆腐是从前京城最普通的小吃。早点人们爱吃，午饭也用它就锅饼、火烧等。现在街上的早点铺及小吃店里卖的都是豆腐脑儿，是用石膏点得很嫩的豆腐，再浇上用蘑菇、羊肉等打的卤，搁上点儿辣椒、蒜吃。那种深受百姓欢迎的京味儿小吃老豆腐已经很少见到了。从前卖老豆腐的大都是在街上设摊儿。卖主儿担着挑子，前边儿是一口大铜锅，里面盛放着点的比较老的豆腐，下部是一个小火炉，起到豆腐的保温作用。挑子的后面为一个特制的木架，分为两层，下层放碗、勺等，上层放的几个瓷罐儿里是各种调料。卖老豆腐的人把挑子放在街上的一个适当的地方，把扁担两头儿一支，这就是顾客吃老豆腐的座儿。往碗里盛豆腐的是一把长把儿的铜勺，勺面很浅。将勺伸到锅底，带着点汤儿，盛到碗里的一块豆腐高出碗沿儿，呈圆拱形，又似凸出的一个大白蘑菇。再按顺序用小勺从瓷罐儿里往豆腐上浇芝麻酱（黄颜色，用水调好的）、酱豆腐（红颜色，用水调好的）、韭菜花儿（绿色）、酱油（黑色）、卤虾油（灰色，也是用卤虾酱的）等。这时碗里豆腐上的各种颜色的调料纷纷向下至碗边漂流，五彩斑斓，非常好看。而那飘溢着的香味儿，更是让人垂涎欲滴。

记得儿时在厂甸儿、土地庙等庙会上吃过老豆腐，而常去的地方是离家很近的西琉璃厂东口儿往南一点儿、路西，福德厚茶庄北侧。20世纪50年代末那会儿，每天晚上6点多钟，一位70岁左右的老人准时担着挑子在这里卖老豆腐，一直到晚10点多，一大铜锅老豆腐就卖完了。我隔三岔五就和妈妈要钱去吃一次。蓝边儿碗、小铜勺，5分钱一碗，盛得倍儿满。别小看这老豆腐，色、香、味、形俱佳，好吃极了，是京味儿小吃中很有特色的一种。至今想起仍口有余香，恍如昨日一般。

小吃有大文化。那些地道的京味儿小吃，那些历代相传的老字号的绝活，包含了深厚的文化底蕴，记载着民族传统和城市文化，同时也是城市发展的人文见证和历史积淀。儿时的吃、喝、玩、乐，不但令人神往，而且在我的脑海里有着不可磨灭的、深刻的记忆。与人一样，北京也应该是有记忆的，每一条胡同儿、每一座四合院儿、每一幢老建筑、每一种地道的京味儿小吃……都记载着不能忘却的城市的记忆，而失去记忆的城市就是没有灵魂的一座空城。

老北京 民俗百图

此中国卖小鞋之图也。

多系四乡之人做大小幼童之鞋数双，在花市或土地庙设一地摊而卖，买者取其方便价廉而已。

喝豆汁儿

北京人专利

豆汁儿是北京地道的乡土风味儿，为北京所独有。自清代乾隆年间就有了，距今已有200多年的历史。

其实，这豆汁儿还真不是故意做出来的。它是粉房用绿豆做粉丝、粉皮儿等弃之不用的下脚料，将其放置一边，时间稍长，发现其已经发酵，成了灰里又透着点绿色的液体，其味儿已变成又馊又酸了，这就是豆汁儿。

从前的豆汁儿铺里把生豆汁儿拉回去后，再来一次沉淀，将沉淀下来的细碎的渣子单分出来，把豆汁儿放进锅里熬开，舀一勺子放入锅里。一次舀一勺，再熬开，再兑入一勺，并用勺子不停地搅和，勾兑得浓淡适中，馊、臭、酸、香、甜，口感极佳、恰到好处，这里是很有学问的。

豆汁儿的营养非常丰富，含有蛋白质、脂肪、维生素等多种营养成分。夏景天儿喝豆汁儿可解暑消渴，冬季天儿能清热温阳，四季都有祛毒除燥之利。

老北京人都爱喝豆汁儿。我从小儿就爱喝京城大名鼎鼎的“豆汁张”的豆汁儿。第一代“豆汁张”张殿臣最早是担着挑子到处吆喝：“甜酸——豆汁儿……”那苍凉的叫卖声时常在街头巷尾响起。而且他还赶庙会，在厂甸儿、土地庙、蟠桃宫等庙会上亦能见到他的身影。20世纪40年代，他在西琉璃厂东口儿北侧路西处的一棵老槐树底下盖了两间大约有30平方米的门脸儿房。当时张殿臣年事已高，由其子、第二代“豆汁张”张进忠夫妇二人经营，直到1956年公私合营。

老北京　民俗百图

此中国卖鞋垫毡垫之图也。

冬令多有四乡人来京做此生业，沿街吆呼：『鞋垫！』『毡垫！』『耳朵帽！』可混一冬衣食也。

芥菜丝和豆汁儿，堪称绝配

喝豆汁儿讲究吃咸菜，“豆汁张”的咸菜都是自己腌制的。一般的像芥菜疙瘩、萝卜丝儿之类，白吃不要钱。买一碗豆汁儿给一小盘儿咸菜。另备有较好的苤蓝、黄瓜等七八种酱菜及辣椒油、焦圈儿等供顾客选用。“豆汁张”切的咸菜讲刀功，丝儿细、块儿匀，咸淡也适中，十分可口。豆汁儿3分钱一碗、焦圈儿（由哈记烧饼铺提供）2分钱一个。花5分钱要一小盘儿辣椒油，用咸菜蘸辣椒油，吃着酥脆的焦圈儿，再喝着热豆汁儿，酸、甜、辣、咸、香，真可谓五味俱全。只喝得满头大汗，肚子溜儿圆。营养丰富暂且不说，就是你有多重的感冒与消化不良，几碗豆汁儿下肚准能治好。

因我上学的南新华街小学紧挨着“豆汁张”的铺子。出校门儿往南20多米便是，不用过马路。所以下午放了学常去那里喝豆汁儿，不是我做东就是同学请我。记得一次，我早晨上学没吃早点，刚上了一节课肚子就咕咕叫，觉得饿得慌了。我想去喝豆汁儿，一个人又不敢去，因为是在课间。我就找了一个姓贾的同学，他先是不去，怕老师说。我说，我请你喝，怎么样？于是，我俩一起悄悄地溜出了校门儿。两碗豆汁儿喝完，赶紧往回跑。还是来不及了，上第二节课的铃声已经响过，这节是班主任的语文课。我俩怕得不行，站在教室门口儿连喊了三声报告，老师才让我们进去。下午放了学，班主任老师把我俩叫到办公室，一顿好呲儿，差点儿没请了家长。从此，我再也不敢在课间出校门儿去喝豆汁儿了。

从儿时起，我的豆汁儿情结一直持续到现在，仍好这口儿。

九门小吃

老北京 民俗百图

此中国卖艺之图也。

——

其人名曰傻王，每日在街市之间卖艺为生，以石磨、石块、石锁玩耍。其人力大无穷，并能自己将诸石负于背上。此人年过六旬，力状可嘉也。

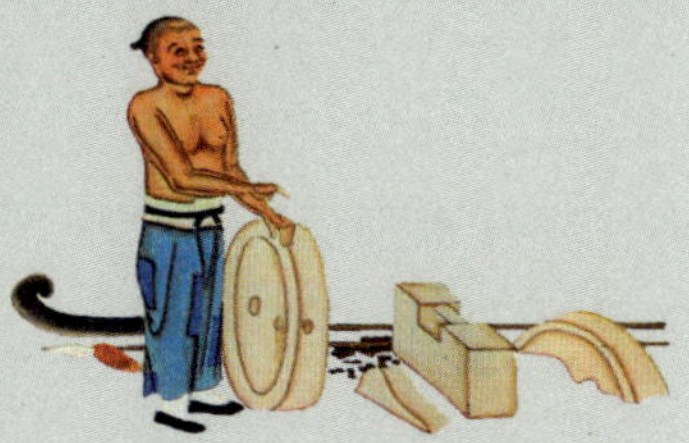

据报载，于2012年4月关门停业的“九门小吃”经过了数月的调整，转变了经营模式，成立了餐饮管理公司，采取了股份合作的形式后，又在什刹海地区的原址重新开张了。

这里聚集了多家历史悠久的老字号地道的京味儿小吃。像“爆肚儿冯”的爆肚儿、“奶酪魏”的奶酪、“羊头马”的白水羊头、“豆腐脑白”的豆腐脑儿、“月盛斋”的酱牛羊肉、“恩元居”的炒疙瘩、“年糕钱”的年糕等。

我曾去过几次，在品尝过程中，与从前相比，感觉味道依旧。他们确实恪守了各自历代相传的制作技艺，打造出了一道道具有自己特色的原汁原味的老北京小吃。

我久居京城，打小儿就嘴馋，20世纪50年代时我正在上小学。记得那时小吃除了有走街串巷叫卖和庙会上摆摊儿卖以外，平时在京城有几个长年都卖的小吃摊群。北城有荷花市场、东安市场、隆福寺、白塔寺等。南城有厂甸儿、门框胡同、鲜鱼口、天桥儿、牛街等地。上面提到的“羊头马”就在门框胡同北口儿外的廊房头条等处卖白水羊头肉。每到夜晚，他的木轮车上汽灯明亮，总是围着一些购买和观看的人。“羊头马”的羊头肉选料、煮制十分讲究，刀功极精，快似飞刀。片（切）出的肉片儿薄如纸、呈半透明状。再撒上装在一只牛角中的特制的五香椒盐儿，味儿美耐嚼，醇香悠远、风味儿独特。

“爆肚儿冯”的爆肚儿也是我很爱吃的，记得他的店址换了好几次。20世纪80年代，我常去他在廊房二条路南处的店里吃。后来又搬到了廊房二条靠西头儿路北的一间门脸儿房里。“爆肚儿冯”也曾在厂甸儿市场二楼等处经营过。但是，不论在哪里，都是一样的用料讲究、一样的味道鲜美。

儿时还爱吃炸糕。“炸糕辛”的炸糕我没吃过，不能妄加评论，我吃的那种是烫面炸糕。圆形、直径约有六七厘米，中间微微鼓起，里面是稀糖馅，现在想起来好像是白糖的，因是烫面的所以炸得颜色较深。热吃、凉吃都很可口。我在南新华街小学念书时，每天早晨传达室门口儿有一位工友卖早点，我不买别的，就花5分钱买一个烫面炸糕，边吃边往教室走。

现在南城虎坊桥“京天红”店卖的那种江米面红小豆糖馅儿的炸糕，每天都有人排队购买，其实这种炸糕应该是天津风味儿的。

谈起“九门小吃”，人们不禁要问，何谓九门，哪九门？其实，北京城从明朝始就形成了“内九外七皇城四”的格局，即内城有九座城门：正阳门、宣武门、崇文门、东直门、西直门、朝阳门、阜成门、安定门、德胜门。外城有七座城门：东便门、西便门、广渠门、广安门、左安门、右安门、永定门。皇城有四座城门：天安门、地安门、东安门、西安门。九门指的是北京城的内城，不包括外城的七座城门。这和“四九”城的说法一样，因为将外城排斥在外了，所以代表不了整个儿北京城。

现在“九门小吃”里的“爆肚儿冯”“羊头马”“奶酪魏”“豆腐脑儿白”“恩元居”“月盛斋”等，都是在外城的大栅栏地区起步、发展、成名的。而现在“九门小吃”院儿里写着的四个大字“门框胡同”，更是南城一条年代久远的著名小吃胡同儿。如果“九门小吃”这个招牌的意思是代表整个儿老北京小吃的话，似乎有些不大妥当。窃以为，如果改成“都门小吃”会更全面、更合适。因为“都门”这个名称才是整个儿北京的意思。此说若有不当之处亦不打紧，这只是一篇茶余饭后的闲话而已。

老北京 民俗百图

此中国卖芝麻秸之图。

其人身挑筐、架内盛芝麻秸、松木枝，在沿街吆呼买与住户，年底祭神焚化也。

九门小吃是老字号北京小吃的汇聚地

馄饨开锅喽

馄饨是老北京人常吃的一种小吃。它的历史非常久远。据有关史料记载，大约在西汉时就已有馄蚀出现，到了南北朝时吃馄饨就很普遍了。算起来，距今已有1500多年的历史。这种古老的传统小吃在我国的南方和北方都有，只是叫法不同。广东人称“云吞”，四川人称“抄手”，北京叫“馄饨”。我国古代典籍中，有不少关于馄饨的记载。

清代乾隆年间，伍宇澄的《饮渌轩随笔》载：“京师前门有隙地，方丈许，俗称耳朵洞者。雍正间，忽来一美丈夫，服皂衣，不知何许人也，于隙地筑楼，市馄饨，味鲜美。虽溽暑，经宿不败，食者麇至，得金钱无算。”清人杨静亭的《都门纪略》载：“包得馄饨味胜常，馅融春韭嚼来香。汤清润吻休嫌淡，咽后方知滋味长。”以上均可看出，馄饨这种小吃是很受人们欢迎的。

俗话说，冬至饺子夏至面；还有一说是冬至馄饨夏至面。无论何种说法，冬至时节吃馄饨早已成为我国北方及南方大部分地区的一种习俗。而实际上，馄饨作为一种人们都爱吃的美食，一年四季都可以享用。

从前京城除了庙会等处有卖馄饨的外，街头巷尾亦常能听到卖馄饨的吆喝声：“馄饨——开锅喽……”那时卖馄饨的都是担着挑子，前边为一个小煤火炉，炉子上锅里的水老开着，周围的晾盘上放着碗、勺、酱油、香菜等。挑子的后边放着肉馅儿、馄饨皮儿及和好的面等。有人买随时包、随时煮。卖馄饨的大都是傍晚出来，一直卖到半夜。像前门外的八大胡同及戏园子门口儿，夜晚都可以吃到热气腾腾的馄饨。那时馄饨挑子的活动规律是，天不黑时担着挑子到处叫卖。天黑了以后，大都临时固定在一个地方，例如影剧院及商店门前等。后来就形成了馄饨摊儿。

老北京 民俗百图

此中国磨刀剪之图也。

其人用板凳上捆石头一块，绑住小水罐一个，每逢到街市之上，以喇叭吹之为号，有新刀剪必须戗、磨、开口可也。

馄饨侯的分店如今已遍布京城

20世纪的四五十年代，京城繁华的地方，除了前门外、大栅栏儿、西单、东单等外，王府井、东安门一带亦是商家店铺云集的闹市区。还有吉祥剧场、东安市场等。这里卖各种小吃的不少，尤其到了晚上，光卖馄饨的就有七八个摊位。其中的一位侯姓卖馄饨者最受顾客的欢迎，他的摊位前吃馄饨的人最多。他所售馄饨皮薄、馅儿细、汤鲜，人称其为“馄饨侯”。到了1956年公私合营时，这儿家摊主联合成立了一个专卖馄饨的合作小组。之后，又有了专营馄饨的门脸房，字号是“馄饨侯”。其馄饨的制作更为精细，馄饨皮儿擀得薄如纸、呈半透明状。包馄饨的馅儿，肉质细嫩，三分肥、七分瘦。棒骨汤熬得汁儿浓而不浑、不腻，作料齐全，有虾皮、香菜、冬菜、紫菜等。

馄饨，这种古老的吃食，经“馄饨侯”几十年的经营、创新、发扬，形成了具有北京特色的风味儿小吃。被有关部门认定为“中华老字号”，颁发了铜匾。而且“馄饨侯”在北京及外地开设的连锁店有几十家之多。

我想卖炸酱面

老北京 民俗百图

此中国跑旱船之图也。

——

用木做成船样式，上有布罩，下用布围子。此乃是扮成白蛇、青蛇之样，站立船中，前头做成假女子腿，盘膝而坐。用支船的一个，此船跟随支船的来往旋转。每逢庙集有此会，名旱船会。

现如今，北京城满世界都是饭馆。随便数一数，哪一条热闹的大街上都有好几十家。门窗上都写着醒目的大字，什么名厨料理、生猛海鲜；什么正宗川味儿、正宗粤菜，正宗这个、正宗那个，很少能看见有写正宗北京风味的。

眼下北京的流动人口有几百万人之多，我琢磨着，一般的北京居民，谁成天价吃饭馆？而这么多的外地人来北京旅游、出差，谁不想换一换口味儿，尝一尝京味儿的饭菜呢？四川来的人也许不会对北京饭馆里的川菜感兴趣。在广东人眼里，北京街头小馆里的“正宗粤菜”恐怕就不大正宗了吧？人们每到一个地方，都有品尝这一地方风味儿佳肴的习惯。到了北京，全是外地的风味儿，地道的京味儿一点都没有或者很少，这恐怕也是不大正常的现象吧？

如今的老北京炸酱面馆，总觉着没以前的风味

随着改革开放的深入发展，大批外地人进京，把一些当地的名特风味儿带到了北京，实际上是对京味儿的一个很大的冲击。就拿面条儿来说吧，美国加州牛肉面（实际上是从中国带去的）、朝鲜冷面、兰州牛肉拉面、山西刀削面、四川辣面，还有什么淮扬风味儿的公子大排面等。各种面条遍布北京城，好不热闹！可是，京味儿的炸酱面很少，这几年稍微好些，在几个地方见到有卖炸酱面的饭馆，但只是捎带着卖，专营炸酱面的饭馆实在罕见。

北京的烤鸭、涮羊肉和炸酱面可以说名震中外。说实在的，其实北京人是最精吃的，这里单说炸酱面，这酱用的是老字号“六必居”和“天源酱园”的黄酱与甜面酱。有单炸黄酱的、单炸甜面酱的，有两样酱掺到一起炸的，炸酱的火候、酱的稀稠，放入葱、姜末儿的比例都有讲究。有放肉的、放鸡蛋的，有素的；拌面的菜码儿（也有称面码儿的）也随着季节的变化而变化。香椿、黄瓜、小萝卜、扁豆、豆芽儿菜等都可用。由于久居京城，我们全家都爱吃炸酱面，最早是买那种成块儿的干黄酱，比较便宜，回家用水调，然后再炸。面是自己用水和、自己擀。因为面和得较硬，所以面条儿既筋道好吃、又松软不糟，再浇上浓香的酱汁、配上各色菜码儿，真是美餐一顿。

父亲和启功先生是多年的书友，他们相识于20世纪40年代末的琉璃厂。记得父亲曾对我说过，20世纪50年代中，一次父亲去启功先生家给他送书，启功先生留父亲吃饭，吃的是肉丁小碗酱干炸，面条儿是自己擀的。桌儿上摆着十来个精致的小瓷盘，里面盛放着十来种量小、质精的菜码儿。由此可见老北京人吃炸酱面是很讲究的。

假如我要是有两间门脸儿房，我就开饭馆，不卖别的，专卖地道的北京炸酱面及打卤面，还有夏景天儿人们爱吃的麻酱面。我相信这京味儿的炸酱面定能斗得过任何外来的面条，管保生意倍儿火，到那时还怕发不了财？

老北京 民俗百图

此中国批『殃榜』之图也。

其人病故停在床上，遣人即请阴阳先生来批『殃榜』，上写故者某年月生。某年月故，何时入殓，何日出殃。若身死不明、服毒等情，阴阳不批，即去报官。

老字号的

京味儿点心

糕点，俗称点心。点心者，既不是主食，也非副食，但又可以充做主食和副食，能当饭可以吃饱，但一般人从不拿它当作正餐，只不过在饥时略进一点儿，即俗话说的“垫补垫补”而已。

京味儿点心，远在1000多年前的辽朝时期就已经问世了。经过了元、明、清，作为六朝古都的北京是全国政治、经济、文化的中心，文人荟萃、市场繁荣、商贾云集。各地的风味儿特产在京城均能见到。明代迁都北京时，就带来了南方江浙一带的点心，称为南味儿糕点，亦叫南果铺。清朝建都北京后，又带来了满族风味儿的糕点，叫饽饽铺。这两种不同风格特色的点心被称为“南案”和“北案”。其中“北案”点心又分清真和满汉点心，清真点心也叫“素案”。南味儿点心（包括芝麻、花生做的南糖）咸甜适中，口感清香不腻人，像杏仁酥、梅花蛋糕、三角酥、椒盐烘糕、枣泥饼等。现在的稻香村及桂香村从前就是经营南味儿糕点的名店，现在基本上保持了这种风格。“北案”的满汉糕点最著名的是大、小八件儿，是指八种形状和味道的做法，即各种糖馅儿的酥皮儿点心。还有核桃酥、状元饼、点子酥、螺丝缸炉等。除了大、小八件外，还有萨其玛、蜜供、绿豆糕等。那时做糕点的主要原料就是白面、食油和糖等，没有各种化学添加剂，却做出了多种精美诱人的美味儿点心，真可谓是纯粹的绿色食品。

旧时京城的老北京人吃东西讲究季节，到什么节气吃什么食品。精明的商家投其所好，亦按季节供应。像点心铺的经营方式即是如此，除了常年卖传统的京味儿点心外，就是赶制时令糕点，应节应时。像端午节卖粽子；春天卖玫瑰饼、藤萝饼，夏景天儿供应绿豆糕、水晶糕、豌豆黄；到中秋节时，各种月饼就摆上了柜台；冬季天儿，各点心铺就出售蛋黄酥、蜂糕、喇嘛糕（黄糕）；腊月快到二十三了，就卖糖瓜、关东糖；春节供应蜜供，正月十五摇制的什锦元宵，人们更是争先购买。那时的点心铺都是前店后厂，现做现卖，东西绝对新鲜。

从前，京城的点心铺散布在各处，大、小均有。但是著名的、历史悠久的京味儿点心铺不是很多，细想起来有以下数家。

清代的《道咸以来朝野杂记》载：“瑞芳、正明、聚庆诸斋，此三处，北平有名者。”书中说的是，这三家点心铺在当年的北京是最有名的，即瑞芳斋、正明斋、聚庆斋。此外，还有历史最悠久的大顺斋、东四牌楼一带的合芳楼、地安门外的桂英斋、东安门外的金兰斋、前门外的致美斋等点心铺。

大顺斋距今已有360多年的历史了。它创业于明代崇祯末年，以经营糖火烧及南味儿糕点最著名。

正明斋点心铺，开业于清代同治三年（1864年）。其糕点之所以出名，是因为选料严格、质量精细、花样繁多，像芙蓉饼、江米条、大小八件儿、自来红、自来白月饼、杏仁酥、蜜三刀等颇受顾客欢迎。据有关资料载，正明斋的点心一直是清代御膳房的佳品，是宫中喜、庆、宴、寿的御用食品。正明斋点心铺在京城前门大街路东、珠市口、鲜鱼口、西柳树井等处先后开设了六家分号。1956年“公私合营”以后，正明斋点心铺只保留了前门大街一家。

老北京 民俗百图

此中国乞丐人之图也。

其人于街市或庙场热闹之地，用一犬蹬碓打钹，讨要钱文，度日而已。

··
历史悠久的大顺斋点心

祥聚公点心铺开业于光绪末年，这是一家清真点心铺。在前门大街路西，以制作松、软、酥、脆，风味儿独特的清真糕点闻名京城。其最有名的点心有：芝麻方酥、棋子酥、姜汁儿排叉、蜜三刀、玫瑰饼、油糕（槽子糕）等。现在这个老字号的点心铺成立了糕点厂，在京城一些商场里均有祥聚公点心的专柜。

聚庆斋点心铺开业于清嘉庆十三年（1808年），原址在前门外煤市街的云居寺胡同西口、右侧路东处的两间门脸儿房。这家点心铺取了汉、满、回三族糕点制作之精华，且用料考究、配方严格、做工精细，形成了自己独特的风格，其最著名的点心是缸炉。这是一种混糖食品，主要原料是大米面、白面、糖等。高高凸起的六边梅花形，六块儿连在一起，烘烤的火候较重，呈深褐色，上面有一红色戳印，吃时掰开。还有一种，其形很像桃酥，但厚得多，比油糕硬，口感极佳，香甜可口，老少咸宜，而且营养非常丰富，尤其适合产妇吃。旧时，妇女坐月子讲究吃缸炉、鸡蛋、挂面、小米粥、芝麻、红糖等。

还有一家清华斋点心铺，创业于清代光绪年间，是一位马姓的回民经营。该店也是前店后厂，生产的点心有蜜麻花、酥皮儿龙凤饼、芙蓉糕、莲子缸炉、桂花缸炉、萨其玛、蜂糕、糕干、麻团、姜汁儿排叉等几十个品种，很受顾客欢迎。

糕点，曾经是有钱人的“专利品”。对于穷苦的老百姓而言，是一种高消费。谁成天吃点心呢？记得儿时家里也不经常买点心，只是我有个头疼脑热、生病了的时候，父亲就去前门大街的正明斋，有的时候去我家附近北柳巷的一家小点心铺给我买大小八件儿、江米条、油糕之类的点心。买的不多，一斤，最多买二斤。家里自己吃，也不打蒲包儿。店家用比牛皮纸薄，但颜色与牛皮纸相似的草黄色的包装纸，把点心码放好，包成一个方包，用纸绳十字交叉系好，再将纸绳让出一段富余来，捆成一个用手提的圈儿。买一次要吃好几天，父母舍不得吃，都省给我。就这样，都给我惯出毛病来了。小时候，只要身体有一点儿不大舒服，就哭喊着“买大包、买大包……”意思就是让大人给我买点心吃。

老北京 民俗百图

此中国戗剃刀之图也。——如剃刀铺刀不快，找此人戗磨其刃，以为速快方便用。

后来在我上中学的那几年，父亲经常去买点心渣儿。就是点心铺或食品店卖完点心，掉在箱子里的碎渣子，几种点心渣子掺在一起，有好几种不同的味道，六七毛钱一斤。买回去全家当早点吃，在当时也是很不错的享受。不过不好买，得赶巧了，有时去好几次也买不到，有的时候还要排队买，快到你这儿了，点心渣儿也卖完了，这是常事儿。

20世纪60年代初的三年“困难时期”，买东西要凭本儿、要票儿。买粮食及其制品，包括点心，都要粮票。不仅如此，物价也大幅度上涨。那年月，点心铺和食品店里卖的是所谓“高级点心”。我清楚地记得，买一斤点心不但要收6两粮票，而且要十几元甚至几十元最便宜的点心是8元钱一斤。这种价格在那会儿简直就是天文数字了。因为人们每个月才挣三四十块钱的工资。在那个令人难以忘却的“困难时期”，我家没有买过一块点心，甚至连点心渣儿也买不起了。

从20世纪70年代以后，人民的生活水平在不断提高。点心也开始大量进入老百姓的家庭。而探亲访友、贺喜祝寿、婚丧嫁娶，装个点心匣子相送，更是京城百姓的习俗。随着社会经济的发展和改革开放的深化，一些老字号的点心铺，像祥聚公、聚庆斋等都成立了糕点厂或食品公司。现在的市场上，京味儿点心五彩缤纷，品种繁多。不但继承了传统，而且还有发展，增添了新派京味儿糕点和西式糕点。北京人的口福真是不浅呀！

老北京 民俗百图

此中国劁猪之图也。

因养猪之家找劁猪之人，将小猪劁者，取其肾囊，以为小猪多食上膘也。

北京二锅头

我国是烧酒的故乡，也是酒文化的发源地，酿酒的历史非常悠久。

此前，专家学者认为，中国最早的酒出自距今5000至4000年的仰韶文化晚期到龙山文化时期。可是，据报载，（2005年）中美考古学家联合进行了一项研究，发现，我国古人在8600年前就已经能酿造出美酒了。将中国酿酒史往前推了近4000年。学者们在河南舞阳县，距今约9000年至7000年的贾湖新古器文化遗址发现了盛放酒的陶器，里面有酒类沉淀残留物。在对此进行的化学分析中，显示出这些残留物含有酒类挥发后的酒石酸，其化学成分与现代稻米、米酒、蜂蜡、水果等的化学成分相同。由此，推断出了这些陶器盛放过美酒。这次发现证明了中国是世界上最早酿酒的国家。

自从有了酒，人类就有了一种常饮不衰的饮料。多少年来，酒文化渗透到了生活的各个领域。无酒不成席，无酒不成礼，无酒不成乐，无酒不消愁，无酒不抒怀。累了、闲了、苦了、乐了、忧了、烦了、冷了、热了……都要喝几杯，酒与人的关系最密切。我国历代的文人雅士更是与酒有着不解之缘，写出了大量关于酒的诗词文章，其中不乏传世之作。例如汉代曹操的《短歌行》，其中的“对酒当歌，人生几何”“何以解忧，唯有杜康”是脍炙人口的名句。唐代大诗人李白有酒仙之称，写酒的名篇尤其多。像气势磅礴、豪情满怀的《将进酒》：“君不见黄河之水天上来，奔流到海不复回，君不见高堂明镜悲白发，朝如青丝暮成雪。人生得意须尽欢，莫使金樽空对月。天生我才必有用，千金散尽还复来。烹羊宰牛且为乐，会须一饮三百杯……五花马，千金裘，呼儿将出换美酒，与尔同销万古愁。”李白一生漂泊，与明月和美酒为伴。他的《月下独酌》亦是不朽名篇：“花间一壶酒，独酌无相亲。举杯邀明月，对影成三人。”还有“座上客常满，樽中酒不空”等名句几乎成了所有好酒人的座右铭。与李白同是唐代诗人的王维吟出了送别朋友的千古绝唱：“渭城朝雨浥轻尘，客舍青青柳色新。劝君更尽一杯酒，西出阳关无故人。”

宋代豪放派词人苏轼也爱酒，在“欢饮达旦，大醉”状态下，亦能写出不朽之名作《水调歌头》：“明月几时有，把酒问青天，不知天上宫阙。今夕是何年……人有悲欢离合，月有阴晴圆缺，此事古难全。但愿人长久，千里共婵娟。”

以上举的这几个例子都是古代文人喜好饮酒并将其写进了诗词里，把传统的酒文化融进了诗情画意这样一种很高的艺术境界之中。

老北京二锅头，真正的北京味儿

老北京 民俗百图

此中国三棒鼓之图也。

其人陕西省来京采差，手持木棒三根，下支一小鼓，其棒起落于鼓，连打带唱，讨钱作为盘费，非作艺江湖也。

我国酿酒的历史悠久，各地的烧酒作坊（也称为“烧锅”）也兴旺发达。像最早的四大名酒之一的山西杏花村的汾酒，距今已有4000多年了。而北京的“大众名酒”二锅头是由我国北方的烧酒，因其性烈、味辣、度数高、劲儿大，俗称“烧刀子”的烈酒发展而成的。清代人吴延祁在《刘伶孤冢》中写道：“自古才人千载恨，至今甘醴二锅头。”所以，二锅头少说也有两百多年的历史了。

“烧刀子”之所以在北京变成了二锅头，是因为当年京城的烧酒作坊（烧锅）讲究质量，逐步完善了烧酒工艺。用甑桶蒸酒时，甑桶的上方搁着一个锡锅，在酿制酒的过程中，第一次往锅内注入凉水时，冷却的酒气流出的酒叫“酒头”。第三次放凉水，冷却流出的酒叫“酒尾”。而第二次冷却流出的酒最好，最醇，最香甜，这种酒就叫“二锅头”。这在我国酿造酒的历史上也是一次突破。

据有关资料记载，在1949年1月北平和平解放后，有关部门决定在北京东郊建立北京酿酒厂，并收编了旧京时的十几个烧酒作坊（烧锅）。其中较有名的有“永和成”“景泉茂”“同泉涌”等。从此开始批量酿造二锅头酒，其商标定名为“红星”牌。如今，几十年过去了，红星二锅头无论是度数、包装等，都在向着多样化的方向发展，而且早已成了北京的名牌儿，更是京味儿文化的重要组成部分。进京的中外游客都以登长城、吃全聚德烤鸭、喝红星二锅头为赏心乐事。

老北京 民俗百图

此中国烧包袱之图也。

每年清明、七月十五日、十月初一日，各住户供包袱，内装烧纸、银锭，上写上三代名字，晚辈祭之也。

行酒令

亲朋好友聚到一起，吃饭喝酒，为了活跃气氛、佐酒助兴，便有了酒令，通俗一点儿说，它是酒席宴上的一种游戏。它的历史很悠久，大约起源于唐代。当时叫酒牌，又称叶子。到了宋、元、明、清时，饮酒行令非常盛行。古代的酒牌与今日之纸牌有一点相似。其牌面上是绘制精妙的版画，有山水、人物、诗词、题铭等，内容丰富且寓意深远。人们在饮酒行令时依次抽牌，按照牌面的图案解说其含意，根据对与否依令劝罚而饮。往往得酒外之趣，别有一种文雅风情。由此可以看出，古人给欢宴饮酒也注入了浓郁的文化情趣，喝酒也成了一种高雅的活动。清代晚期以后，在宴饮时，这种用酒牌行令的方式已经很少了，而猜拳行令却逐渐盛行起来。

这种划拳行酒令的形式起始的年代及源于何地，今已不得而知。据说，在我国北方及南方的一些地区均有，只是大同小异、区别不大。我年轻时好喝“二锅头”，但酒量不大，一超过二两酒，两条腿就发软、头晕、舌头直了（说是醉了，实际是酒精中毒的症状）。但是，若划起拳来，我能有半斤的酒量。听人说，因为这种划拳法是两个人对划，往往声音越喊越大，嗓门儿越来越高。将酒气喊出去了不少，当然就喝得多了。不知此说有道理否，反正我琢磨着，两人划拳喝酒与一个人喝闷酒不同。俩人划起拳来，时间就长了，输一拳只喝一口酒，也不一定老输拳，还有赢的时候呢，所以很自然的，比平时独饮要喝得多一些了。

我划的这种拳是在北京地区流行的，所以，也可以叫北京拳。实际上，这种猜拳酒令是一种数学上的加法游戏。嘴里说的与手势要协调一致，要按照规定的指法出拳。从一至十，依次是：独占一、哥儿俩好、三星照、四喜财、五魁首、六六顺、七个巧、八匹马、缺一个、全来了。在猜拳的过程中，这些酒令还有一些变化。像独占一，也可以说“点上赢”；三星照，可说“桃园三”或“三结义”；七个巧可说成“七巧板”；八匹马的变化说法是“八官坐”或“坐八官”“八抬大轿”；全来了，可说“满堂红”“满堂彩”等。这些酒令大都是传统生活中总结出的吉言。在指法上，一般都是用右手。从一开始，独占一，可以攥着拳头不出手指，也可出大拇指，但不能出两个或两个以上的手指。哥儿俩好，可以不出手指，攥拳即可，也可出一个手指、两个手指，但不能出三个或三个以上的手指。四喜财，可以攥拳不出手指，也可出一至四个手指，但不能出五个手指。五魁首，可攥拳不出手指，亦可出一至五个手指。六六顺，可出一至五个手指。七个巧，可出二至五个手指，但不可出一个手指。八匹马，可出三至五个手指，不可出一至二个手指。缺一个，可出四至五个手指，不能出一至三个手指。全来了，必须出一个手掌、即五个手指，不能出一至四个手指。

猜拳行酒令的输与赢很好计算，两个说的数加在一起，正好与其中的一个人说的数字一样。这个人就赢了这一拳。然后再从“哥儿俩好”开始划，如果是和长辈划拳要说“爷儿俩好”。例如，甲方说：五魁首，伸出了三个手指，乙方说：三星照，伸出了二个手指，三加二等于五，很明显，说五魁首的甲方赢了，输者乙方喝一口酒。再例如，甲方说：八匹马，伸出了四个手指，乙方说：六六顺，伸出了二个手指，四加二等于六，说六六顺的乙方赢了，由甲方喝一口酒。还举一个例子，甲方说：哥儿俩好，伸出了拳头，没伸手指。乙方说：七个巧，伸出了两个手指，二加零还等于二，说哥儿俩好的甲方赢了，乙方喝酒。如果两个划拳的都是高手，往往要划几拳甚至十几拳才能分出输赢。有一种情况，就是说的与出的指法不对，称之为“黑拳”也叫“又黑又臭”，自动认输，喝一口酒再接着划。

还有一种猜拳行酒令的方法，就是划拳前带引子。像：“高高山上一头牛，两个犄角一个头，四个蹄子分八半儿，尾巴长在腚后头……”像：“一辆大车两个轮拉，车上坐着亲姐儿仨，翠红、翠绿和翠花，边儿上还挎着一个老疙瘩……”还有：“螃蟹一，爪儿八个，两头儿尖尖这么大个儿，横着爬，竖着卧……”这种拳节奏较慢，因为在猜拳前先要一字不漏地说一遍引子，出拳的时候也要带上诸如“腚后头”“老疙瘩”等，爱划快拳的人一般都不用此法。

上面谈的这种饮酒时的猜拳法不大好学，但有几种立马儿就可以学会的，亦能起到活跃气氛的作用。例如：老虎、鸡、虫、杠子。这四者是互相制约的关系。老虎吃鸡，鸡吃虫，虫吃杠子，杠子打老虎。也是两个人玩儿，一人手里拿着一根儿筷子，在两筷相碰的同时，两个人都要说上述四者中的一个。如果甲方说老虎，乙方说杠子，乙方赢了，甲方喝一口酒。如果甲方说鸡，乙方说虫子，甲方赢了，乙方喝酒。

老北京 民俗百图

此中国舍冰水之图也。

凡三伏时，官所门首搭一席棚，木桶盛凉水，上置冰一块，棚上挂黄布四块，写『皇恩浩荡』民间施舍，写『普结良缘』，以为往来人止渴。

还有一种同样的玩法，只不过说的是警察、媳妇、流氓。这三者的关系是警察怕媳妇、媳妇怕流氓、流氓怕警察。

这几种饮酒时的猜拳行令法在家里玩儿可以，但在公共场所，像饭馆、酒铺等处就不行了。喊的声音大，影响旁人就餐。记得在20世纪70年代，在街上的饭馆里，我与朋友喝酒划拳，曾多次被服务员制止。但有一种哑拳不出声音，在哪儿都能玩儿。方法是用手指（也可称指拳），大拇指管食指，食指管中指，中指管无名指，无名指管小指，小指管大拇指。循环着一个管一个。玩儿时两人同时出指。如果甲方出的是大拇指，乙方出小指，那么出拇指的甲方输拳喝酒。若甲方出中指，乙方出无名指，乙方输了喝酒。

以上这些酒令都是在两个人之间进行的，但是在吃饭喝酒的时候，如果多人围坐在一起怎么办呢？不能干看着两个人猜拳行令吧。不要紧，有一种玩法，不管有多少人在一起饮酒，都可以参与进去，气氛会更加欢乐、热烈，这就是集体数数儿的方法。例如，有10个人在一起饮酒，从其中的一个人开始说1，接下来的人说2，依次往下说，到5的时候不能说5，要说“过”，挨着坐的人说6，再往下继续说。逢到5的倍数的时候都要说“过”，像10、15、20、25、30等，如果不说“过”就要喝一口酒，然后再从他这开始说1，继续玩儿。当然，数字可以随时变换，比如用7，其倍数14、21、28、35等，数到这里都要说“过”。这种玩法看似简单，但玩儿起来，往往忘了说“过”字，就接着别人说的往下数了，很有意思。

常言道：“独酒不可饮”，即是说一个人不要喝闷酒，如果再有点什么烦心事，酒入愁肠很容易喝醉。邀几个亲朋好友一起喝吧，在酒的故乡，让我们尽情欢乐吧，干杯吧。就冲这大众名酒“红星二锅头”也要多喝几杯。到时可别忘了行酒令，这是我们的传统，是酒文化的组成部分。

儿时穷玩儿

养小金鱼儿，喝蛤蟆骨朵儿

从前在京城的各种吆喝声中，有一种“大小——哟、小金——鱼儿勒哎……”很受孩子们的欢迎。每当在胡同儿中响起这叫卖声的时候，孩子们便纷纷出去，围着蹲在地上看。因为卖的是活物，也有的孩子拿着小盆小碗地出来买。卖小金鱼儿的几乎一年四季都卖，尤其是农历的正月，过年了讨个吉祥，住家户儿大都买几条鱼养，图的是富富有鱼（余）的意思。卖小金鱼儿的担着挑子，两头儿是两个大木盆，直径60厘米左右，高约20厘米。盆里用木板儿隔成若干个格儿，分别盛放着不同品种的鱼。在我儿时的记忆中，有龙睛鱼，其中分红龙、蓝龙、墨龙、望天儿、水泡等品种。还有两尾的红色及五花的草鱼，这种鱼便宜，也比较皮实、不爱死，几分钱就能买一条。记得那时买过红色的草鱼，好几条在一个小洗脸盆儿里养着，后来让我都给放入了水缸里了。因我往水缸里喂食，把吃的水给弄脏了，妈妈让我把鱼捞出来，放在了一个小玻璃鱼缸中。这种鱼缸有的卖小金鱼儿的也卖，挑子的一头儿是金鱼，另一头儿就是这种鱼缸。

到了春天的时候，卖小金鱼儿的也卖黑色的蛤蟆骨朵儿，就是青蛙的幼虫——蝌蚪。小小的蛤蟆骨朵儿大脑袋黑身子，抖动着长长的尾巴在水中欢快地游动，非常惹人喜欢。这让我想起了在一本画册上看到的白石老人的一幅名画，题款为“蛙声千里”。而整幅画面上却一只青蛙都没有，画了很多生动活泼的蛤蟆骨朵儿。含蓄的画面给了人们丰富的想象空间：有这么多的蛤蟆骨朵儿，肯定有很多青蛙。青蛙多了鸣叫的声音必然会很大、很响，因此传出去的声音一定非常远，所以“蛙声千里”也是很自然的了。这也是我至今看到的唯一一幅蛤蟆骨朵儿在画中的形象。

记得小时候来胡同儿卖的蛤蟆骨朵儿比小金鱼儿便宜得多，1分钱给两个，每年的春天都买几次。那时在京城有一种习俗，即让儿童喝蛤蟆骨朵儿，说是蛤蟆骨朵儿性寒，是大凉，因京城的春天干燥，喝蛤蟆骨朵儿败火，春天不爱闹病。那时妈妈一次给我买5分钱的，给了10个，让我捡小个儿的喝6个。我很听话，让喝我就喝。院儿里的大妈有时逗我，说喝了蛤蟆骨朵儿就在你的肚子里变蛤蟆了，当时我还很害怕。直到现在我也不清楚喝蛤蟆骨朵儿有什么科学道理。小时候喝了那么多次，倒也没有什么不良反应，春天的时候还真没怎么闹毛病。

小金鱼儿养不好能死，蛤蟆骨朵儿弄好了也能长大。那会儿把喝剩下的蛤蟆骨朵儿放在盆中养着玩儿。大人们说，下雨的时候只要一打雷，蛤蟆骨朵儿就开始长腿。还真是这样，几乎一天一个变化，头渐渐地大了，眼睛也越来越突出，大嘴岔子越来越明显。忽然有一天不见了，到处找都没有。没过多久，夜里睡觉时，听到了院儿里青蛙的叫声……

老北京 民俗百图

此中国拾粪之图也。

其人四乡之人，俗名淘茅厕的，身背木桶一个，手拿木把铁勺一把，夜晚持灯，其灯三面糊纸，一面玻璃一块，名为诸葛灯，所（为）暗处照明看得清也。

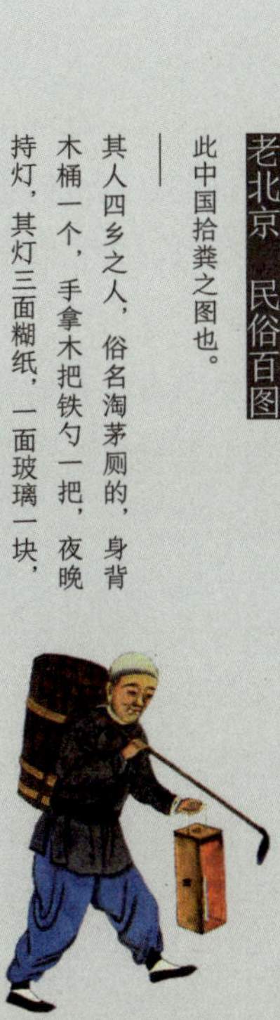

看小人儿书，

吃小人儿酥

小人儿书即连环画，之所以都称其为小人儿书，不仅因为孩子们爱看，还因为它是袖珍本，画面及人物小巧精致的原因。

谈起连环画的历史可谓非常悠久，现在发现的公元前的很多岩画，实际上已经具有了连环画的雏形。到了汉代，连环画就以其连环故事的面貌出现。在汉墓里用于墓室装饰刻在石或砖上，名为画像石、画像砖，被称为中国汉画的连环画，这些年在发掘出的汉墓中时有发现，像《二桃杀三士》《荆轲刺秦王》《海神出战》等。其风格深沉博大，被称为美术史上辉煌篇章。从蔡伦发明了造纸，到唐代有了印刷术，在之后的各个朝代，连环画便发展成了上图下文或左图右文等早期形式。

连环画图文并茂、老少皆宜，而且通俗易懂，普及性很强，是深受广大群众喜爱的一种艺术形式。它表现的题材非常广泛，不同的历史时期，连环画都有其反映的特定内容，不仅涉及当代及古典中外文学名著、电影、戏剧、历史人物、神话、童话、民间故事、民俗事象及大量现代生活题材等，而且能够紧跟历史的脚步，表达时代的声音。那些表现革命历史题材的连环画，塑造了众多英雄模范人物的光辉形象，对于少年儿童的爱国主义及革命英雄主义教育起到了非常积极的作用。

老北京 民俗百图

此中国收拾锡器之图也。

——

其人肩搭口袋，内装铁锉、钳子等具。手用竹竿，上拴灯台、茶壶等器，至住户门首吆呼：『收拾锡拉家伙！』贴换也可以。

在中国画坛上有很多大家当年都从事过连环画的创作，像任率英、刘继卣、刘旦宅、程十发、陆俨少、戴敦邦、颜梅华等。有些作品堪称是一位作家的成名作或代表作。例如：刘继卣的《河神娶妇》、陆俨少的《牛虻》、刘旦宅的《屈原》、程十发的《画皮》等都是画家很有名的佳作。这些名家名作功力深厚，使连环画的艺术水平上升到了一个新的高度。

在20世纪三四十年代，一些大城市如北京、上海等地，连环画的创作曾出现过高潮，而中华人民共和国成立后连环画事业发展的第一个高峰期则是20世纪50年代及60年代初，这个时期的作品被称为老版本。连环画的价值是多方面的，例如艺术价值、历史价值、收藏价值等。而老版本的收藏价值是很高的，这些年在一些拍卖会上，老版本连环画屡屡拍出新高。

连环画是最普及的大众读物，几乎所有人尤其是孩子们对它都有一种挥之不去的情绪，亲切地管它叫小人儿书。我就是看着小人儿书长大的。

记得20世纪50年代，我在南新华街小学念书的时候，同学们都爱看小人儿书，还特别爱吃一种酥糖——小人儿酥。1分钱1块，比小拇指稍细、约有3厘米长，细看呈小人形，故名小人儿酥。用纸包着，两端拧着口儿，酥、脆、香、甜，非常可口，就是好多大人都爱吃。那时候，每当放了学或是星期日休息，我就和妈妈要几分钱买两块小人酥，然后去小人儿书铺看书，当时散布在京城各处的小人儿书铺大约有几十家。在我们学校附近的西琉璃厂西头儿，从前这地界儿叫厂西门，路南有一个小人儿书摊儿，在东琉璃厂有两家小人书铺，一进屋但见几面墙上贴满了琳琅满目的小人儿书封面，下面标有号码，看什么内容的书，只要将号码告诉店主，马上就会把书拿给你。嘴里嚼着小人儿酥，手里翻看着小人儿书，心里美极了。

作者珍藏的两本小人儿书

那会儿看小人儿书很便宜，1分钱看1本，租回家去看2分钱1本。路边的小人儿书摊儿我和同学有时也去。这里没有座椅，都是坐在台阶或是地上。往往一个孩子看书，在其两边及身后有三四个小脑袋瓜儿紧紧围在周遭儿“看蹭儿”。这个时候，小伙伴儿们疯玩野跑时出的一身臭汗味儿与吃着小人儿酥散发出来的香味儿混在一起。现在想起来，那种感受真是别有一种情趣。只是小人儿酥早已淡出了我们的生活，至今我已有几十年没有吃到了。

几个人共同看一本小人儿书的情景仅限街边儿的小人儿书摊，在小人儿书铺是不允许的，人家的座位有限，不花钱看书的孩子不许进去。但要是租书回家看那就随便了。记得我上小学四年级的时候，有一次我租了《崂山道士》《火牛阵》《小城春秋》3本小人儿书，院儿里的几个小伙伴都争着看，第二天我带到了学校，准备放了学直接去还。在上课的时我忍不住又翻看了起来，结果被老师发现给没收了。本来我的学习成绩就不好，借这件事我被老师请了家长。回家挨了妈妈一顿打，这次租的书也因过期交了1角2分钱的罚金。

那个年代的男孩子们大都爱看武侠和打仗的小人儿书，什么《大八义》《小八义》《七侠五义》《小五义》《风尘三侠》等。在看书之余，还喜欢临摹书上的人物，我有一个白报纸本，上面画满了古装人物，我认为画得比较满意了才往图画纸上画。

我的小人儿书情结一直延续到上了初中。一些古典文学名著的小人儿书，像《三国演义》《水浒传》《西厢记》《梁山伯与祝英台》等都是我用吃早点的钱攒起来买的。只可惜，我工作以后，这些小人儿书连同我小时候父亲给我买的《战斗在一起》《渡海战》《小八路》《鸡毛信》等书，都被我的一个本家侄子趁我上班不在家，分几次给拿走了。

适逢盛世，若讲收藏，小人儿书应该成为人们的首选。因为它与你的关系最亲密，是你儿时的良师益友，给过你丰富的知识和无穷的乐趣，它能勾起你对童年时光的美好回忆……

老北京 民俗百图

此中国耍钹之图也。

其人多（为）戏班中（人），扮一道姑，殿中焚香已毕，演习手耍铜钹，能在手指飞转，并能双手耍四个也。

盼着过年

在我的童年，孩子们就盼过年。一进腊月门儿，过年的气氛就渐渐地浓起来。一喝上腊八粥，离年就不远了。在幽静的胡同儿里，古老的四合院儿中，便不时地荡漾着稚嫩的童声：“小孩小孩你别馋，过了腊八儿就是年。腊儿粥喝几天，哩哩啦啦二十三，二十三糖瓜儿黏，二十四扫房日，二十五冻豆腐，二十六去买肉，二十七宰公鸡，二十八白面发，二十九蒸馒头，三十晚上熬一宿，大年初一满街走（去亲友家拜年，逛庙会）。”那时过年，不仅能吃好的，还穿新衣服、放花炮和逛厂甸儿。还有就是有点儿过错，妈妈也不打我了，等过了正月十五才“开张”呢！

年禧饭菜的丰简，根据各家经济条件不同而略有差异，但传统的基本套路是一样的。我家过年除了做些肉冻儿、豆儿酱等外，就是吃猪肉、白菜加“野鸡脖儿”（一种韭菜）馅儿的饺子、炖肉和妈妈蒸的豆包儿、枣饼和糖三角儿，还有那点着红点儿、透着那么喜兴的白胖馒头，装满一小面缸，能吃到正月十五。而糖豆儿大酸枣儿、半空儿花生等，更是我过年必不可少的美食。

妈妈每年都给我做一身儿蓝斜纹儿布的衣服。整天疯玩儿野跑，往往一身儿衣服一年穿不下来就破了，只好打补丁。等长大一点儿了过年时就给我做卡其布的蓝制服，好歹还结穿、耐磨一些。大年初一一大早儿，我就喜气洋洋地穿上，专往人多的地方去显摆。不过对于男孩子来说，过年最开心的还是放花炮。

老北京 民俗百图

此中国耍叉之图也。

人练习此叉亦有无数花样，望空抛去一二丈高，上下翻飞，能在身上各处飞转。练此艺者，可在天桥等处撂档子，无非是索钱糊口也。

一到腊月二十几，父亲就到“炮仗市”上去买些小鞭儿、小人儿花之类。像响声大、有危险的“二踢脚”“麻雷子”是从不买的。一挂百头的小鞭儿，绝舍不得整挂地放。一个个的点，要好几天才放完。捻儿着完没响的也不肯扔掉，掰开放滋花或做“踩炮”。所谓“踩炮”是那时孩子们的一个“发明”，就是把没有捻儿的小鞭儿从中间掰开，这样，里面的药就露了出来，将其立于地上，用燃着的香去点，待火花喷出时用前脚鞋掌迅速踩下去，便会发出一声清脆的响声。剩下的另一小段儿还能如此地再听一次响。还有那泥质人或狮子等形状的小人儿花，里面装着药，顶部贴一小块纸，燃放时撕开，年三十晚上放花的时候，招来全院儿的大人、孩子们都来观看。夜空中喷射着白或黄色的花珠儿，老高老高的，光彩夺目。这时静谧的庭院里沸腾了，孩子们拍着手，笑着、跳着、欢呼着，热闹非凡。

还有一种俗名叫“耗子屎”的小花也称手花，细泥条儿里裹着药，盘绕着，个儿很小，市上论斤卖，小摊儿上1分钱给3个。放时把一端的泥抠开，用香点着扔出去。只见喷着火花嗞嗞山响，上下翻飞，忽而在地上打转儿，忽而竟直奔人去，吓得孩子们到处乱跑，一片惊叫。都说“耗子屎”追人，一听说要放了就捂着耳朵远远儿躲着，不敢上前。我的花还没有放完，别的小伙伴早已拿来了他们的。有“炮打双灯”“起花”“滴滴金儿”等。大人们说，别都放了，留着点儿初一晚上再放吧，可是哪个肯听？非得都放完了心里才踏实呢。

儿时过年还有一个乐趣，就是听响儿。一年盼到头，在年三十晚上听那不绝于耳的“二踢脚”及鞭炮声，觉得过年的欢乐气氛特浓、心里倍儿高兴。记得一个大雪纷飞的除夕夜，听妈妈对父亲说：“今年的年头儿不大好，听着‘二踢脚’放着不带劲，稀稀拉拉的有时半天没动静。”是的，那正是中华人民共和国刚诞生不久的20世纪50年代初期，百业待兴，人民的生活水平还很低，哪儿有闲钱买鞭炮啊。1993年“禁放”前，和“限放”的今天，鞭炮放得那么多、那么热烈甚至到了疯狂的程度，人们都腰里硬，有钱呐！从燃放烟花爆竹的多少，也可以看出人们的欢乐程度和生活水平的高低。

儿时总把过年与逛厂甸儿联系在一起。因家在厂甸儿附近住，所以几乎每天都去一次。回来从不空手，不是举着一支柳条串的、粘着糖稀（麦芽糖）、插着三角形小彩旗的大糖葫芦，就是买一个“李记声名远”或“高记”的空竹。要不就脖子上套一挂念珠般的山里红（红果）。顶不济还花3分钱买回一把儿熏屋子的香草呢！而那哗哗山响的风车和“哈记”的风筝，更是我每年必买的心爱之物。单说这风筝，像高档的活翅膀、活眼睛的蜻蜓和老鹰是不买的。只买几毛钱一只的小老虎、蝴蝶等。有一种墨色“肥腿子”小沙燕，俗称“黑锅底”。在胡同儿里拽着线跑着放，经常蹭着地皮放不起来。大人们看着遍体鳞伤的沙燕，说是“拉死鹰”。那些没有风筝的孩子们则起哄地嚷：“黑锅底，不爱起，一个跟斗折到底……”儿时过年的欢乐，连着几天也说不完。

老北京 民俗百图

此中国耍耗子之图也。

其人用一木架，上有各样玩物，小鼠数个顺绳梯爬上，有小鼠能钻塔、进瓜、涉水、钓鱼，令人喝彩助资，言『鼠小难教』，卖艺用铜锣为号。

头张年画过春节

年画是我国的传统民间艺术，是美术中的一种绘画形式，有着非常悠久的历史。最早的年画都是手绘的，大约在宋代时已有木版年画问世。据资料记载，宋神宗熙宁五年（1072年），神宗皇帝命将宫中藏的吴道子画的钟馗像制版印成年画，在除夕分赐给大臣们人手一幅。这是我国木版年画最早的文献记载。当然，这张年画没有流传下来。另据记载，在宋代的汴梁、南宋时的临安就有专门出售年画的店铺。现在发现最早的年画为金代的《四美人图》和《关羽像》（现藏于俄罗斯一家博物馆），是俄国人于1908年在我国甘肃黑水城西夏遗址发现的。我国的陕西博物馆亦藏有一幅金代的《东方朔盗桃》年画，距今已有八九百年了，其珍贵程度可想而知。

大约在明代，雕版套色印刷有了很大发展，形成了多处著名的年画出品地。像：天津杨柳青、苏州桃花坞、河南朱仙镇、山东潍县、山西临汾、陕西凤翔、河北武强、广东佛山、四川绵竹、福建漳州等地。明清是年画的鼎盛期，各个流派，各种风格，精彩纷呈、姹紫嫣红，美不胜收。其题材也多样化，像门画即门神，有秦叔宝、尉迟敬德像等。神马画主要是各行业祖师，如鲁班等。另外，还有吉祥如意、历史故事、戏曲故事、市井民风等。内容非常丰富。

19世纪末到20世纪初，现代印刷兴起。珂罗版和石印技术也从国外传入我国。年画的印刷也进行了一场革命，木版年画逐渐被取代，印制的年画的数量大增，在我国广大的城乡达到了空前的普及程度，覆盖面几乎包括我国的每一个家庭。

老北京 民俗百图

此中国耍猴之图也。

其兽人形，遍体生毛，其性甚灵，自能戴鬼脸，穿衣服，爬竿，翻筋斗，跑羊等戏。其人拉至沿街，鸣锣为号，以此为（生）也。

20世纪50年代出版的农村题材的彩色年画

记得儿时，一进腊月门儿，过年的气氛就渐渐浓起来。坐在家中就能听到胡同儿里小贩们的叫卖声，其中的一声："买画儿——卖画儿嘞……"苍凉而又悠长。孩子们知道是卖年画的来了，便纷纷跑出去看。卖画儿人用苇帘包着一个包袱皮儿，用一根棍儿挑着系包袱皮儿的绳子。也有的卖画儿人用单肩背着一个白包袱皮儿，放在地上解开，但见大张、小张，不同规格、各种内容的年画，从几分钱到几毛钱的都有，随便挑选。那时卖年画儿的还有在大街或胡同儿中的墙上钉上铁钉，拉起几条小线儿，将年画夹在上面，便于买主观看、挑选。那会儿，北京的卖画儿人卖的除了京城印制年画的作坊，像崇文门外顺和王家、东四汪芝麻胡同儿的汪家印的年画外，大都是天津杨柳青及河北武强的。均是从崇文门外打磨厂的戴廉增扇庄批来的。这个扇庄是清代时开业的，主要经营扇子。但一到了冬季，便从上述两个地方运来年画。京郊冬闲的农民便从那里趸来到京城的大街小巷去卖。

在我开始记事儿的20世纪50年代，我家除了买过门画外，还买过一张农村生活题材的《发家致富》，后来还买过《小二黑结婚》《梁山伯与祝英台》《林冲夜奔》《盗御马》《白毛女》等内容的年画。

春节贴年画儿，是我国民间多年来的传统习俗。既装饰了房间、增长了知识，也增添了喜庆欢乐的气氛。随着社会的发展和时代的变迁，年画早已淡出了人们的生活。我们只能上收藏品市场去寻找，从回忆中去体味了。

斗蛐蛐儿

老北京 民俗百图

此中国耍火流星之图也。

其人用绳一根，两头拴铁丝络，内盛炭点着，名曰火流星。用碗盛水，名曰水流星。用手耍之，或衔在口内，或仰卧在地耍，有『二龙戏珠』、『漂洋过海』、『背剑』、『骗马』等名色，在街市以此为戏要钱。

蟋蟀，俗称蛐蛐儿，别名甚多。《埤雅》载："蟋蟀一名吟蛩，秋初生、得寒乃鸣。""芳草不复绿，王孙今又归。"这里"王孙"也是蟋蟀的别名。杜甫诗："促织甚微细，哀音何动人。草根吟不尽，床下夜相亲。"促织是蟋蟀的又一个别名。

在我国古典诗词中，有一些是咏蟋蟀，写秋声哀怨的。例如宋代著名词人姜夔的《齐天乐》："……西风又吹暗雨，为谁频断续，相和砧杵？……"写的是蟋蟀凄切的鸣叫声与为丈夫赶制、浆洗征衣的妇女手中砧杵发出的声音相唱和，抒发了亲人即将离别的伤感之情。

养蟋蟀，听其鸣叫、观其争斗，是民间一种深受人们喜爱的娱乐项目，在我国有着悠久的历史，形成了传统的蟋蟀文化。《聊斋志异》中的《促织》篇就提到："宣德间宫中尚促织之戏。岁征民间。"《道咸以来朝野杂记》载："角戏之先，必称其体材，悬殊者不斗。必分两相当者，始入盆而斗。"

作者珍藏的过笼儿及水槽儿

旧京时，斗蟋蟀被称为“京秋雅戏”，一些大户人家极乐此道。有的大宅门儿专门雇用“蛐蛐儿把式”帮助喂养大量的蟋蟀。所谓“把式”就是专精某种技术的人。而“蛐蛐儿把式”对蟋蟀的捕捉、分类、喂养、咬斗等不但精通，而且有丰富的经验。平时他们以逮、卖蟋蟀为生，是以此为职业者。当然，一旦他们被请入大宅门儿，当上了“蛐蛐儿把式”，虽然只是季节性的（秋至初冬），可是其收入比自己单干时要丰厚许多。那时大宅门儿里斗蟋蟀用来赌钱者不多，大都是以果品、月饼、酒等为赌本，以此为乐。

记得儿时因父母不让到城外去捉蟋蟀，所以常吵闹着和大人要钱去买。待年岁稍大些了就和几个小伙伴一起去野外捕捉。那时孩子们养蟋蟀很少有正经的蛐蛐儿罐儿。什么小碗、小匣的都用来养蟋蟀。我有几个好蛐蛐儿罐儿是用“洋画儿”“玻璃球儿”“三角儿”等和小伙伴儿交换来的。

在我换来的澄浆罐中，有几个是“古燕赵子玉”制作的。其中的一个罐内有一个精致的“过笼儿”和一只小巧的瓷水槽儿，上面

作者珍藏的清光绪二十三年（1897年）制作的澄浆底的蛐蛐儿罐儿

老北京 民俗百图

此中国耍双石头之图也。

此等人颇有臂力，两个圆石中间有窟孔，用一木穿上，以做玩耍。耍此双石，前后左右有七十二路花样，每逢庙集必耍，出风玩票。

有一蟋蟀图案及“永战三秋”四个字。而“过笼儿”上则刻有“蔼豆花开蟋蟀吟”的诗句。另一个澄浆罐上刻着六个凝重俊逸的隶书：“清贤醉乐昇平”，落款为：“飞云馆主人作、丁酉寅生刻”。我查了历史年表，为光绪二十三年(1897年)，距今已有一百多年的历史了。

我虽然有几个好蛐蛐儿罐，但那时年岁小，不清楚养蟋蟀有很多讲究，更不知道从明代嘉靖年间到民国，共有十多种不同版本的蟋蟀谱，只是“瞎玩儿”。当自己的蟋蟀斗不过人家的时，就把蟋蟀放在手心里颠上颠下，反复多次，名曰“打瓜”。其结果不但仍斗不过人家的蟋蟀，自己的也往往弄伤了。

又到了天高气爽的金秋时节，又听到了窗台下、草丛中蟋蟀那悠长悦耳的鸣叫声了。在这秋意深浓的时候，我决心重温儿时的欢乐去野外捉蟋蟀了。为了娱乐怡情，也为了那几个保存到现在的澄浆罐。

金秋又听到了蟋蟀的鸣叫声了……

拍“洋画儿”

民间的儿童游戏是一种民俗事象，显示了民俗的时代性和地方性等特点。

从前在京城流行的儿童游戏有许多种，一些游戏也带有地域特点。就拿东城、西城、崇文、宣武这四个城区来说，有的游戏玩法相似、有的游戏名称略有不同，但总的来说，大同小异。我时经历过的游戏，至今忆起，仍历历在目，恍如昨日，使我终生难忘。下面谈的就是我儿时常玩儿的几种游戏。

香烟，是明朝传入我国的。成立于1902年的英国烟草总公司在世界很多国家和我国的上海都设立了分公司。最著名的香烟产品有绿锡包、红锡包、老刀牌等。在这些香烟中，都装有一种彩色小画片儿，因为是外国烟厂出品的，所以称其为“洋画儿”。

中华人民共和国成立后，香烟盒中没有了画片儿。但是从20世纪50年代初开始，市面上出现了一种小画片儿，它是将60张长约5厘米、宽3厘米多的彩色小画片儿印制在一大张卡片纸上（最早是一种呈黄色的草板纸，俗称“马粪纸”），这是一套，可以一张张剪下来，与卡标火花有些相似，当时习惯上也把它叫“洋画儿”，花8分钱就可以在小摊儿上买一套。

这种“洋画儿”除了少数印制得比较粗糙外，大部分在构图、色彩上都是上乘的，而且内容十分丰富，有古典人物、风景名胜、花鸟动物、京剧脸谱等。特别值得称道的是，有的整套的画片儿上是历史和现代题材的连环画儿故事。例如：《三国演义》《万花楼》《西厢记》；抗美援朝题材的《我们爱和平》《中朝人民的胜利》；还有《小二黑结婚》《王贵与李香香》等。画片儿上有编号，背面有简要的说明文字，图文并茂，生动有趣。这大概是世上最小的连环画儿了。

一些20世纪50年代的“洋画儿”

老北京　民俗百图

此中国耍坛子之图也。

此人用大小酒坛耍之，有『脑尖盘』、『肘腰串』之名色。并有小石锁镂空，安铃铛在内，名为花砖，一样耍发也。

这种“洋画儿”既有知识性、趣味性，又有一定的艺术性，而且小巧精致，便于收藏。儿时常和小伙伴儿们一起用它来做各种游戏。常玩儿的有两种方法：一种是“拍洋画儿”。每人拿出相同数量的“洋画儿”摞在一起，几个人玩都可以。按顺序一人一下用手掌在旁边拍，谁拍翻过去就归谁，有的孩子用的劲儿大，往往一掌拍下去十几张“洋画儿”都拍过去了。还有一种玩“锅儿”的。例如：每人出同等数量的“洋画儿”，把其中一张“洋画儿”的图案朝上放在地上叫作“锅底儿”，其余“洋画儿”的图案朝下码放在“锅底儿”上，将其完全遮盖起来，一人一下在旁边拍。逐渐地，那些图案朝下的“洋画儿”被拍到旁边去了，露出了那张图案朝上的“锅底儿”，谁把“锅底儿”拍翻过去，这些“洋画儿”就全部归他所有。其实这里面也很有策略，有的孩子用力拍，也有不使劲儿，保存力量，待“锅底儿”露出来，看准机会，一下儿就把“锅底儿”拍过去了。那会儿“拍洋画儿”玩儿，都找坚硬的地面，像门道里的水泥地及石头台阶上。常常把小手拍得生疼。有的大人就说：“你们练铁砂掌呢是怎么着，拍得山响，老这样儿受得了吗?”年岁稍大点儿了，就把“洋画儿”一套套地攒起来，经常在做完作业时临摹上面的图案，观赏画面的内容，从中获得知识和美的情趣。

扇三角儿

老北京 民俗百图

此中国耍碗之图也。

其人用碗一个，在棍头上耍转。又用木架浮摆，能在棍头上将碗放在架上飞转，不能掉，亦可在口内耍之。又有小枪刀、叉子鱼等物，亦可浮摆耍之，名曰什锦杂耍。

烟盒（烟标）与邮票、火花、钱币、酒标同属于世界五大收藏体系，有着众多的收藏者。谈起我国的纸烟生产，也有100多年的历史了。1902年，我国第一家民族卷烟厂诞生。直至中华人民共和国成立前夕，各个地方卷烟厂大约有100家（包括陆续倒闭的），规模虽然都不大，但出了不少名牌产品，有些成了烟标收藏家手中的精品。其中像南洋兄弟烟草公司的“双喜”牌、“白金龙”牌。华成烟草公司的“金鼠”牌、“美丽”牌等。

记得儿时经常在街上拣拾人们遗弃的空烟盒。有的人吸完烟把空盒儿攥成一团儿扔掉，皱皱巴巴的。拣回后用水小心翼翼地洗一洗，晾干压平。除此之外，就是和大人们要烟盒儿，往往一盒烟还没吸完就把烟卷拿出来，把空盒儿给了孩子们。那时根本不懂得装潢艺术和设计心理，不知道烟标美之所在，更不懂得烟标的社会背景和反映的重大事件、风土人情等，只知道把烟盒儿叠成“三角儿”扇着玩儿。

所谓“扇三角儿”，就是把烟盒儿拆开摊平，叠成一个等腰三角形，把三个边稍微折一下，放在地上踩几下，扇的时候都习惯用手再折一下三个边，这样，“三角儿”就有了“背”与“面”的区别。玩时先猜拳，用手比画成“包子”“剪子”“锤子”，赢者先扇。后扇者的“三角儿”放在地上，三个折边朝下，即“面”朝上。这样的“三角儿”不好扇翻过去，因为三个折过的边紧抓在地上，而先扇者往往自己的“三角儿”来个仰巴跤子，也就是三个折边朝上，很容易被扇翻过去。也有的孩子“嚼猫子”，扇时用袄袖子兜起来的风把人家的“三角儿”扇过去，也算他赢，拿起被他扇过去的“三角儿”就往裤兜儿里装，往往争吵半天，最后不玩了，闹个不欢而散。

我那时攒的“三角儿”最多时有三百多个，什么“利民”牌、“十二号”牌、“红士”牌、“名花”牌、“烟斗”牌等有一百多种。可惜的是，儿时我太贪玩儿，学习成绩不好，妈妈一气之下把那些“三角儿”都生了火炉子了。现在想起来仍觉遗憾。

放风筝

老北京 民俗百图

此中国送报之图也。

其人多系山东人，在京开设报房，所有外省奏折及谕旨，皆由内阁而发，其报房刷印送至各官宅、铺户之家，每日一换，按月给钱，名曰送报的。

风筝是观赏性很高的民间工艺品，而放风筝又是一项有益身心健康的娱乐方式，深受人们的喜爱，在我国已有2000多年的悠久历史了。

据有关典籍记载，早在春秋时期，鲁班用竹子做了一个鹊，“飞天三日不下”，这只竹鹊可以说是最早飞上天的风筝。在古代，风筝还曾是战时的通信工具。不过那时不叫风筝，而是叫纸鸢。宋人商鼎的《村居》写道：“草长莺飞二月天，拂堤杨柳醉春烟。儿童散学归来早，忙趁东风放纸鸢。”称为风筝是宋代以后的事了。明代陈沂的《询刍录》载：“……五代时李邺于宫中作纸鸢，引纸乘风为戏。后于鸢首以竹为笛，使风入竹，声如筝鸣，故名风筝。”由此还可以看出，在古时放风筝是皇宫里的一种游戏，后来才流传到了民间。按照民俗，旧时放风筝是春天的时候。具体一点说是从农历正月开始，到立夏之间这段时间。俗话说，“过了立夏鸿毛都不起了”（现在一年四季都有放风筝的）。

风筝，有扎、糊、绘、放四种技法。历史上著名的曹氏（《红楼梦》作者曹雪芹，书中多次谈到放风筝之事）风筝，讲究人格化和图案化，像肥腿子沙燕儿代表盛年男子；瘦腿子沙燕儿比作窈窕淑女，夫妻二人比翼双飞。图案化是形象的图形表示一定的寓意，例如，用猫与蝴蝶及牡丹表示耄耋富贵之意等。

除了曹氏风筝外，旧京时有北城“风筝金”，南城“风筝哈”的说法。金氏风筝在地安门大街摆摊儿出售，而哈氏则在宣外西琉璃厂东口儿路北处有两间门脸儿房，卖早点小吃，店内挂满风筝。每年正月的时候，屋内挂着自己制作的各种风筝。其中有活翅膀的老鹰，活翅膀、活眼睛的蜻蜓，沙燕儿等，品种繁多，骨架平整坚固，画工生动，十分精美。那时老北京的风筝以肥、瘦腿子的沙燕儿为主，有“南城大沙燕儿，北城黑锅底”之说。所谓黑锅底也是沙燕儿，是以烧柴禾的锅底灰当颜料画成的，也有用墨画的。黑白分明，与燕子的颜色相似，真实感强。

放风筝一直是北京小孩很热衷的户外活动

老北京 民俗百图

此中国套豌豆糕之图也。

其人将豌豆煮烂碾碎，用模子刻成各样玩艺，使竹签三根，一根拴线拿在手中，令小孩使钱套一竹签，若套有线为赢，无线为输，名曰套豌豆糕。

北京著名的哈氏风筝至今已经流传了近170年，其传人哈亦琦曾被邀请到美国讲授风筝的制作，而且在1998年荷兰国际风筝节上，哈亦琦以制作的一条长100米的龙风筝获得了金奖。哈氏风筝已经走向了世界。

因为我住家在西琉璃厂北侧的一条胡同儿中，离哈氏的店铺（附近的居民都称其为“哈记烧饼铺”）很近，每天都去那儿吃早点，所以也就能够看到挂在屋里的哈氏糊制的风筝。而每年春节有厂甸儿庙会的时候，别的卖风筝的人就在我家胡同口儿外的墙上钉上铁钉儿，捆好小线儿，上面插满了琳琅满目的各种风筝。那会儿不用我吵着要大人给买，父亲就主动给我买了，因为他也喜爱放风筝。记得最早给我买的是一只瘦腿子的沙燕儿，背在身上比我还高呢。放飞的时候也不去郊外，因我家住的院子很大，四周没有楼房，刮南风的时候多，往北放很空阔。父亲站在一个平坦的石桌上，右手拿一根头儿上绑有U形铜丝的竹竿儿，左手拿着线框子，用竿儿挑着放。风筝放起的高度只要过了房就不用竹竿儿了。左手拿着线框子撒线，右手不断地拽着线往上方抖动着，这样，风筝就越放越高。这时候，父亲就把放飞得高高的风筝交给我。我拿着线框子觉得风筝的劲儿很大，线绷得特别紧。院儿里有的大人就说：“小心点儿呀，别让风筝把你给拽到天上去！”我拿着线框子心里倍儿紧张，只要风筝左右一摆，我就吓得大叫，父亲就赶紧从屋里跑出来接过飞得不太稳的风筝抖几下，或者往下倒点儿线，等风筝飞得稳了再交给我。

儿时放过的风筝中，除了这只瘦腿子的大沙燕儿外，父亲还给我买过一只蝴蝶和一只小老虎风筝，在当时都是几毛钱一只。小老虎风筝被父亲给改装成了活眼睛的，是用好几层宣纸条粘在一起做成，然后再用毛笔蘸墨画好，小老虎立马精神了，一有风吹，两只人眼睛就转起来。这只风筝玩儿的时间最长，有好几年，放起来也特别稳。还有一只红旗风筝，是父亲用两根儿竹帘子的细竹条交叉绑在一起糊制的，下面捆着两个用红纸条儿做的穗儿，放起来也很稳。而我小时候自己糊的粘着两条长长的纸条儿的屁股帘，至今更是记忆犹新。别看它小，也能够放得很高，只是风刮得大的时候就不行了，因其小且轻，老爱折跟头。

儿时在胡同儿里“拉死鹰”——跑着拽着线放风筝的时候，现在想起来也是很有趣的。一个小伙伴儿给举着风筝，放风筝的孩子喊：撒手！便拽着线不管不顾地往前猛跑。经常的，风筝蹭着地皮放不起来，弄得遍体鳞伤。大人们看见了说：“又拉死鹰呢，你们。”而没有风筝在一旁看的孩子们则起哄地嚷：“黑锅底，不爱起，一个跟头折到底……”这些场景，时时在脑海里出现，恍如昨日一般。儿时欢乐是何等使人神往啊！

补记：这篇小文写完以后，一次和朋友闲聊，谈起了从前放风筝之事。他说，传统的民间风筝艺术正承受着很大的冲击，我说，此话怎讲？他说，因为材料变了、工艺变了、式样变了，京城的风筝已经升级换代了。早先，风筝分为硬翅、软翅、排子、长串和筒形等五类，均是用竹篾扎制，纸糊，手工描绘。而现在改用轻型铝塑管扎架子，用尼龙绸、无纺布、丝绸和降落伞布等代替纸，而且根本不用手工画，是用版型，改用机器印制批量生产。一天能出上千个，既结实不爱坏，价格还便宜。朋友还说，现在还有一种“夜风筝”，就是用先进的超长余辉发光材料，发光膜吸收可视光30分钟照射后，在夜里将风筝放飞起来，储有光可持续释放8个小时左右。在夜空中，光彩柔和，像小月亮一样。朋友感慨地说，这样发展下去，具有上千年历史的传统风筝艺术就会失传了。

抖空竹

老北京 民俗百图

此中国踢毽之图也。

此物用小铜钱一个，缚毛一根（或一撮），以脚踢之，随上随下，有踢千余回而不落地者，亦天寒时消遣之一法也。

抖空竹在我国已有上千年的历史。在古代它是由一种叫陀螺的儿童玩具演变而来的。在各地其名称都不一样。南方叫它“嗡子”“地铃”，台湾叫它“扯铃”，天津叫它“风葫芦”，四川叫它“响簧”，长沙人叫它“天雷公”等。在北京地区称为空竹，也叫“空钟”。《燕京岁时记》载：“空钟者，形如车轮，中有短轴，儿童以双仗系棉线弄之，俨如天外晨钟。”因为北京人说话较快，听起来便成了“空竹”。

空竹是竹木制作的，它的轴儿是用木头在旋床上旋成的，盘儿也称轮儿，是竹质的，上面的方形或长方形的小孔是发声的。几个孔即是几个“响儿”。空竹抖起来，盘儿转得飞快，空气灌进去即发出嗡嗡的声音。空竹的“响儿”越多，声音就越大。抖空竹用的两个竿儿是竹子的，也有木质的，用的线是棉质的小线儿。若小线儿受了潮就发涩了，抖起来容易“嗞绳儿”，遇到这种情况就得用滑石粉擦一擦。

空竹的形状有双盘、单盘，也叫双头儿、单头儿。俗称双轴儿、单轴儿，还有一种双层盘的，比较少见。好的空竹抖起来不仅声音好听，还得平衡度高，不摇不摆，不偏不跳，不甩头儿。现在市面上卖的空竹，有什么塑料、橡胶、玻璃钢或是塑料木、金属相结合制成的。我以为，抖这些材质制作的空竹没有什么意思，甚至都不能称其为空竹了，所发出的声音也不如传统的竹木空竹好听。

记得儿时的20世纪50年代，每年都要买一只。但是，只有到了春节有厂甸儿庙会的时候才有卖的，平时不好买。每年庙会的第一天即大年初一，一大早儿我就向妈妈要了钱去买空竹。5毛钱就可以买一只很好的空竹。不会抖单轴儿的时候，买了一个双轴儿的，因为比较好学。年龄稍大点了就买单轴儿的抖。厂甸儿庙会上卖空竹的摊儿很多。所谓摊儿，就是一个半人多高的柜子，上面有一个带框的架子。架子上面有多个一寸左右长得像筷子一样粗的木棍儿，将空竹盘儿上的小孔插在上面，一个架子上能插十多个空竹。买的时候卖主儿管给你试抖，买的人络绎不绝，嗡嗡的空竹声响成一片，热闹非凡。想起当年的情景来，至今我还记得有“真久记”“高记”“李记声名远”“振声斋”等制作的空竹。我那时每年都买“李记声名远”的空竹，其字号是烫在盘面两边儿的，盘的中央贴有一块红纸。而且空竹的盘比其他摊儿卖的同样价钱的空竹盘的直径要大一点儿，这样抖起来转得较慢，好抖一些。因为抖单轴儿的人要跟着空竹的盘面转动，如果转得较快人的头容易晕。

我家住的这个大杂院儿有三十多户人家，和我差不多年龄的男孩子有十来个。每年正月的时候，几乎每个孩子手里都有一只空竹。那令人振奋的嗡嗡的空竹声此伏彼起，气氛热烈、年味儿浓郁。我那时抖单轴儿的空竹会玩好几个花样儿，能在空竹飞转的时候，往空中扔出十几米高，而且能够连续扔八九次。不但能够准确地用绳儿接，还能用竿儿接，让空竹在竿儿上转动，谓之“猴儿爬竿儿”。我还会“张飞蹁马”。空竹抖起来后，用右腿猛地扫过去，这时空竹会向上飞起一人多高，用竿儿稳稳地接住。如果火候掌握得不好，绳与空竹就会缠在腿上，使动作失败。就这手儿在当时小伙伴儿中算是绝活儿，会玩儿的人不多。

空竹曾经是无数小孩最喜爱的玩具

老北京 民俗百图

此中国踢球之图也。

——二人以石球两个为赌，用些碎砖瓦块铺地，用一球先摆一处，二球高七八尺远，每人踢两次，踢中为赢，不中便输。

抖空竹既是一种游戏，又能锻炼身体。在过去的岁月里，在春节的欢乐中，这种传统的娱乐项目深受孩子们的欢迎。一只空竹能够玩儿上半年多的时间。摔坏了就花几分钱买几根水胶，在小铁碗里熬好自己粘。空竹受了潮湿不太响了就往小孔里灌胶，而实际上效果并不大好，声音往往发闷。现在的庙会上仍然有卖传统空竹的，但是玩儿的孩子少了，这大概是因为儿童们的各种玩具种类繁多，光是电脑游戏就够他们痴迷的了。

弹球儿

这篇小文里说的弹球儿是用手指弹的一种很好看的、五颜六色花心儿的玻璃球儿。在我儿时的20世纪50年代，京城的男孩子最爱玩儿这种游戏。他们的兜儿里大都装着数量不等的玻璃球儿，跑起来便发出哗哗的声音。而且无论是盛夏还是严冬，下了课或是放了学，都蹲在地上玩儿弹球儿。尤其是冬季天儿，天寒地冻，手皴裂甚至长了冻疮也照玩儿不误。

弹球儿游戏的玩儿法很多。记得那时最爱玩儿的是“弹锅儿”和“撞弹”（也叫“撞钟儿”）。“弹锅儿”玩法不限人数，几个人玩儿都行。先在地上用划石画一长方形的格，叫“锅儿”，每个人在里边放入同等数量的球儿，将其码放好。这种球儿叫“泡子”，个儿比一般的玻璃球儿稍小、也不太圆，颜色为单一的蓝灰色（也有在“锅儿”中放入彩色玻璃球儿的）。在“锅儿”前大约四五米的地上画一条长线，叫“杠”。玩儿的孩子站在“锅儿”前，拿着自己使用的那种彩色玻璃球儿——“老子儿”，向“杠”扔出。根据每人扔出的“老子儿”离“杠”的远近来决定先、后弹的顺序。离“杠”最近的孩子为第一，依次蹲在“杠”后用自己的“老子儿”向“锅儿”弹出。如将“锅儿”中的球儿弹出来就归自己所有，弹出几个赢几个，直到弹不中时再由下一个孩子弹。如果自己使用的“老子儿”不但没把“锅儿”里的球儿弹出，而“老子儿”也停在了“锅儿”里，这叫“烧死”。这盘就算输掉不能再接着玩儿了。待几个人都从“杠”上向“锅儿”处弹完后，再按开始时的次序从自己“老子儿”所在位置继续向“锅儿”里的球儿弹击。“锅儿”中的球儿被全部弹出，这盘球儿就算结束了。在弹“锅儿”的过程中，几个人也可以互相弹击各自使用的“老子儿”，如弹中了，被击中者就“死”了。如果他弹出过“锅儿”里的球儿也要拿出来给获胜者。这种玩儿法是很有策略性的，有的孩子弹球儿的技术很高，又善于动脑子，在比赛的过程中，不但弹击别人使用的“老子儿”减少竞争者，同时还借机使自己的“老子儿”靠近“锅儿”，以便弹出里面的球儿使自己获得全胜。所以，弹技高超者往往根据实际情况和对手们“老子儿”所在位置而决定是弹“定子儿”“冒子儿”还是“裂子儿”。实际上，这几种弹法的难度是很高的。例如“定子儿”就是用自己使用的“老子儿”弹击前面的球儿，要力量较大且非常准确地击中。被弹中的球儿滚出去很远，而这只“老子儿”却在原地急速旋转不往前滚动。如果往前滚出很远，离“锅儿”远了就不好弹“锅儿”中的球儿了。再例如“冒子儿”就是用自己使用的“老子儿”弹前面的球儿时，从该球儿的上部蹭过去，滚向“锅儿”附近，而被弹中的球儿因为是击中的上部所以在原地不动窝儿。这样就给自己向“锅儿”中的球儿出击创造了有利的条件。“裂子儿”也是如此，在自己的“老子儿”击中别人的球儿时，两个球儿分别向左、右两边裂开去。而“老子儿”却裂向“锅儿”附近，以便弹击“锅儿”中的球儿。以上谈的这些就是弹球儿的技巧所在。

老北京 民俗百图

此中国剃头放睡之图也。

每日将头剃完，筋骨疼痛者，剃头的坐于高凳之上，其人躺在剃头（的）腿上令其捶拿，其快活劲（儿）无比。

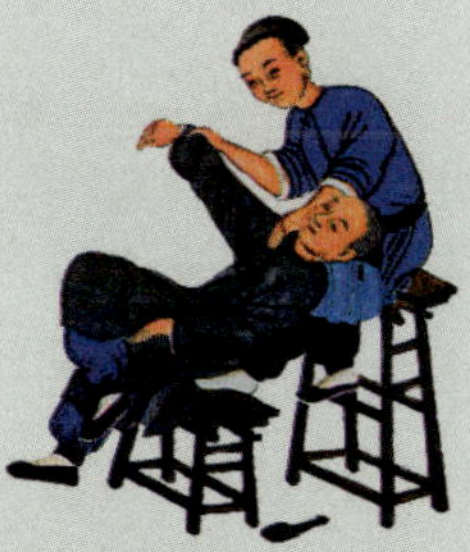

弹玻璃球，是孩子们中间很流行的游戏

“撞弹”（撞钟）法比较简单，也是几个人玩儿都可以。先在离墙约一尺左右的地方用划石画一道短线，在该线前方四五米处画一长线，也叫“杠”。用自己使用的“老子儿”往墙上撞，所撞之球儿要超过短线，但不可越过“杠”，越过者要重新撞。在短线与“杠”之间，谁的球儿冲离墙最远为第一，依次弹击别人的球儿。若多人玩儿，弹谁的球儿都可以。一般都是弹射离自己近的球儿，被弹中者输一个球儿。是输给自己使用的“老子儿”，还是另给别的球儿，这要在玩儿前说好，反正被弹中者就没有这盘继续比赛的资格了。而获胜者还可以接着弹射别人的球儿，如弹不中，则轮下一个人弹。直到所有参加玩儿者的球儿都被弹中，就剩下一个获胜者了，这盘就算结束了。

我儿时虽然很贪玩儿，但是弹球儿是我的弱项。小伙伴儿们都说我弹球儿是“大挤瓜子”。意思就是用手指弹球儿的姿势不正确，弹出去的球儿不但不准，而且力度不够，也弹不远。所以我和他们玩儿时大都是我输，赢的时候很少。我有不少好看的玻璃球儿都输给人家了，后来我就光看而不玩儿了。

推铁环

记得儿时玩儿的铁环是在20世纪50年代我上小学的时候父亲带着我在廊房头条路南处的一家商店里买的，花了1元零5分钱。它是用大约有半厘米粗的黑色铁条焊接成的直径有50厘米左右的圆铁圈儿，上面还套着3个能上下滑动的、直径有1厘米多的小铁圈儿。还有一个60厘米长、带木把儿的铁推棍儿。其下端是弯成U形的槽儿，叫“大勾儿”，再弯回来一点又形成了一个“小勾儿”。那时的男孩们都爱玩儿，在胡同儿里，甚至大街上常能看到孩子们推着铁环奔跑的身影，离着老远就能听到那哗哗的声音。

推铁环用“大勾儿”推比较容易，左手拿着铁环，右手拿推棍儿从环中穿过，再将铁环放入“大勾儿”中，右手往前推着走。这样铁环不爱倒地。如果推棍儿不从环中穿过去，而在铁环的右侧直接用“大勾儿”推就有一定的难度，不熟练的话，铁环会倒地，不太好掌握。要是用“小勾儿”推难度就更大了，得练个十天半月的才能推着走直道，拐着弯儿推就不行了，非脱钩儿不可。

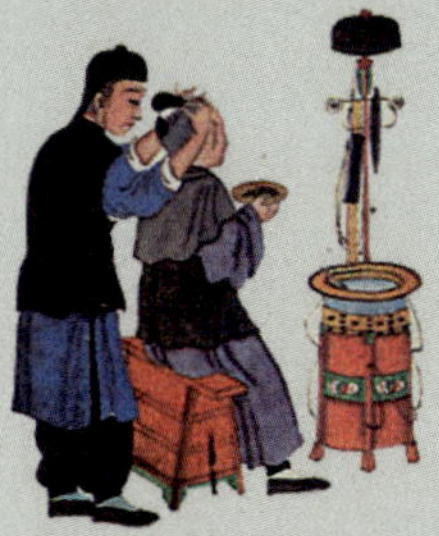

老北京 民俗百图

此中国剃头之图。

其人挑担游于街市之间，手执『唤头』，串走胡同，每到大街，将担放地，等来往之人刮脸、打辫子、剃头，方便之至。

小时候我玩铁环很上瘾，放了学不做作业推着铁环就在胡同儿里跑，有时还到大街上去玩儿。说句吹牛的话，我推铁环的技术很高，不仅能用“大勾儿”“小勾儿”推，还能将“大勾儿”朝下推铁环的上部，一样可以跑起来。那会儿大人们说，儿童常推铁环能够起到锻炼身体的作用，对孩子练习跑步很有帮助。的确是这样，我在小学六年级的时候，60米短跑达到了8秒了，这个成绩在当时的小学生里是很不错的了。

铁环除了推着玩儿，还有一种玩儿法，就是将铁环拿在手里，用两只手连续地向后倒，铁环上的三个小铁圈儿便不动位置地围着铁环不停地转动，发出哗哗的声音，亦很好玩儿。

铁环除了推棍儿的握手处是本质的外，全是铁的。很坚固、不怕摔碰。我的那个铁环玩儿了好几年也没有损坏。我上中学后将这个伴随着我不知度过了多少童年欢乐时光的铁环给了我侄子。

现在的孩子们大都不玩儿这种玩具了，在胡同儿里、在大街上，早已不见了他们推着铁环奔跑的身影，也听不到那曾经非常熟悉的声音了……

槐荫闲话

老北京的地图

地图也称舆图，是自然、人文地理及其他信息的一种图形。其表现手法有手工绘制和刊印的，有整张的挂图和装订的图册，更久远的时代则是石刻的。

早在几百年前，在欧洲及世界的其他一些地方，收藏地图在上层社会已很流行。据悉，近年来，京城的一些地图收藏爱好者也成立了地图世界读者俱乐部，老地图的价值是多方面的。目前能够在市场上见到的多是清代及民国时期的，也有我国及外国的一些像矿产、农业、交通、航空、航海等的分类地图。上面有丰富的知识，是研究政治、经济、军事、历史、地理及建筑、人文变迁等的重要历史资料。一些再现重大历史事件的老地图更是珍贵。记得在前些年我在京城的一家拍卖公司举办的春季拍卖会的预展上，看到了一张《京城各国暂分界址全图》，是1900年八国联军侵占北京后出版的。图中用几种不同的颜色标明了帝国主义列强在北京的势力范围及驻军情况，是研究我国近代史非常宝贵的资料。

我收藏有几张老地图，叠着放在书柜的底层，上面摞着书。因时间长了，平时也不拿出来看，遭了虫蛀。地图的纸厚且脆，折痕处几乎都压坏了。有的地方破成了连成串儿的小洞。若按地图的比例尺计算，大概有400万分之一，图面上得有多少平方公里的土地没有了？又消失了多少个城市？地图损坏了就无法用了。

我还收藏着一张保存比较完好的老地图，是民国二十一年（1932年）出版的《最新北平全市详图》。76.5厘米×53.5厘米。“北平西单牌楼迤南建设图书馆”发行，“北平打磨厂普善印刷局”印。从图面上看，当时北京有内城（北城）、外城（南城）之分。内城北起安定门、德胜门，南至崇文门、前门、宣武门，东从东直门、朝阳门，西到西直门、阜成门。有内一区至内六区、共六个区。外城北从宣武门、前门、崇文门，往南至左安门、永定门、右安门，东起广渠门，西到广安门，分外一区至外五区，共五个区。

老北京 民俗百图

此中国吞刀之图也。

其人右手持利器，直上往下慢送口内，此乃江湖作艺者，以惊人之功术，来吸引看者，以极少散钱赏之。

印制于民国二十一年（1932年）的一份北京（当时称北平）地图

该图的上部及左、右两边，分别印有“北平电车一览表”“北平官署学校一览表”“北平街巷更名一览表”“北平旅馆名称地址一览表”“北平游览处所一览表”“北平公寓名称地址一览表”。从此表来看，那时北京有会馆367座。仅从那会儿北京的交通状况来看，全市只有几路有轨电车，通往几处繁华的商业区，像东单、东四、鼓楼、王府井、前门、西单、西四等。南城只有红桥、天桥儿、前门大街、珠市口等级地电车。20世纪30年代的北京，旅馆业包括老字号的北京饭店、东方饭店、西单饭店在内，总共才有130余家。

历史的尘烟飞越80余载春秋，新世纪的北京高楼林立，地上、地下的公共交通路线四通八达，一座座彩虹般的立交桥美丽雄伟……展开今天的北京地图与旧京地图作一比较，这日新月异的变化令人感慨万千，那美好的前景更使人欢欣鼓舞，但旧图上昔日的留存又使人产生怀旧感。

毫无疑问，在不同的历史时期，地图上的每一个变化，都标志着时代的进步与发展，诉说着人类的屈辱与兴盛，图示着人间的过去与未来，记录着岁月的沧桑与时间的跨越。

阅读一张张老地图，仿佛听到了历史前进的脚步声。

老北京的澡堂子

老北京 民俗百图

此中国小什不闲乞丐之图也。

其人用粉抹丑脸，以木盘盛小鼓、门钹，敲打唱曲，为要钱文而已。

澡堂子或澡塘子，即浴池，是人们洗澡的地方。从前老北京人自己的家里大都没有这个条件，要想洗澡只能去公共澡堂子。而街上的澡堂子有着悠久的历史。

元代末期的文人熊梦祥写了一部记述元大都的书《析津志辑佚》，书中载："都中官员士庶之家，聘女将嫁之明日，家人送女儿入堂中澡浴。男方一应都散汤钱，凡应役者赏有差。"这段文字说的都中就是元大都。堂中即是一处供人们洗澡的场所，而汤钱是洗澡时付的钱。从中我们不仅知道了当时的习俗是女子出嫁前一定要洗澡，而且陪同女子洗澡的人的澡钱，也一并由男方家长支付。既然洗澡要付费，这就证明了是商业性质的。因此这也是北京最早的浴池业，距今已有700多年的历史了。

以上说的是澡堂业的起始年代。而旧京时的公共澡堂大约在清代中晚期就有了，为保定府人经营，从业人员多是河北省定兴、易县、涞水人，全都操着保定府的乡音。那时一听到这口音就知道准是干澡堂子的。

据有关资料记载，旧时京城著名澡堂子有20来家，北城有松竹园、鑫园、裕华园、华宾园、华宾园分号、德丰园、桐园、怡和园、宝泉。南城有兴华园、清华池、一品香、东升平、清香园、西柳树井、汇泉池、南柳园、沂园等。这里面有好多家都营业到了20世纪50年代。最早的澡堂子只接待男性，没有女部。而京城专门接待女性顾客的澡堂子是1916年创办的，位于前门外李铁拐斜街（现名铁树斜街）路北的润身女浴室，这也是京城自清末以来第一家女澡堂，“文革”时更名“三八浴池”。

这些公共澡堂子大都分为两部分，一部分是供澡客们休息的大厅，设有若干单人床大小的床位，再一部分就是洗澡的池堂（塘），分温水池和热水池。这里雾气缭绕、池水荡漾，有一种澡堂子特有的锅炉热水的气味儿。在水池子的上方是6米多高的挑空敞亮又透气的大罩棚。

位于城南棕树斜街的一品香澡堂，如今早已歇业

这种京城的公共澡堂子是最平等的地儿。在这儿，人们赤裸相见，没有遍身罗绮者，亦不见衣衫褴褛人。没有贵贱之分、贫富之别，一起在温池中洗浴，热水中泡澡，在休息大厅里一起喝茶、聊天儿、下棋，亦有的人在搓操、修脚、理发，还有的人在按摩、拔罐、刮痧，大家无比惬意。在满族人居住较多的北城，当年八旗子弟还常提笼架鸟，怀揣蝈蝈葫芦或带着蛐蛐罐儿光顾澡堂子，在洗澡之余还能听鸟叫虫鸣。

记得儿时父亲带我到外面去洗澡，常去的澡堂子是离我家较近的忠福堂浴池。在南新华街路东的堂子胡同现名叫堂子街，这是一家中小型的澡堂子，能容纳二三十人同时洗浴。有两排长方形的温水池，里面靠墙的地方是热气腾腾的热水池。休息大厅里的床位最早没有床头儿柜，床位的上空是一个三四米高的木架子，床位上的号码与相对的高架子上的号码是同一个号。洗浴时脱下的衣服由澡堂子伙计用一根很长的木杆儿挑起挂在高架子上的铁钩上。待洗完澡走时，告诉伙计再将衣服挑下来。逢年过节的时候洗澡的人多，没有床位了就得“脱筐”，就是把衣服脱下来放在一个竹筐里，先去池塘洗澡，等有了空床位了，伙计再将衣服挂在架子上，春节前最紧张的时候，一个个装衣服的筐都排成了长队。

那时澡堂子里的伙计服务周到、热情，洗浴完刚出池塘的门儿，伙计就从大白桶里拿出热毛巾给你擦背，再给你披上一条干净的浴巾。回到床位上马上又有伙计给你端上一杯漱口水。在休息的过程中，还会给你送上热毛巾擦脸，在当时这种服务称为“三巾一水”，在京城所有的澡堂子都是这种服务。

老北京 民俗百图

此中国修脚之图也。

每日间手持竹板，名曰『对君作』，长街游走。竹板一响，便知修脚的来，如遇修脚之人，二人对坐，将脚搁在膝盖上，用小小刀割取脚上鸡眼，取其行路平稳。庙场必有。

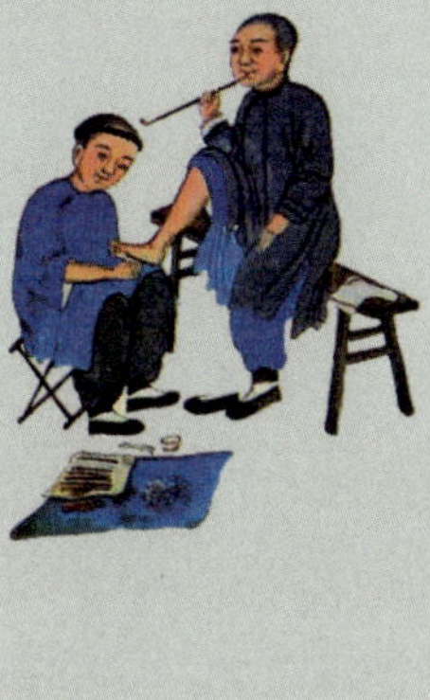

我小的时候爱吃零食，冬天去洗澡的时候，我想吃柿子，有时又爱吃糖葫芦。父亲就把钱交给伙计，让他出去买。回来找的零钱就不要了，当作小费给了伙计。后来再洗澡时就不让人家给买了，父亲说室外寒冷，伙计穿的衣服单薄，给人家冻坏了不合适，就在洗完澡回家的路上父亲再给我买。

“金鸡未叫汤先热，红日初升客满堂。”多少年来，到澡堂子洗澡成了人们生活中一件必不可少的事儿、一种习惯，形成了老北京特有的澡堂子文化。

1956年公私合营后，党和政府为人民谋福利，为了方便百姓洗澡，将全市130余家大、小澡堂子进行改造，修缮一新，有的澡堂增设了女部，有的澡堂增加了盆塘。为了加强管理，按行归口儿，浴池业与饮食、照相、理发、洗染、旅店六大行业归入了服务公司。

我的那辆

飞鸽牌自行车

老北京 民俗百图

此中国摇车之图也。

京都人有幼儿者置一木车，摇悬于梁上，将幼儿放在车内，如同抱在怀中一样，幼儿啼哭，一推，如同怀抱一样，大人好做活计。

闲来无事在家翻看相册，一幅当年我推着一辆乌黑锃亮的新自行车在天安门广场的留影，打开了我一段尘封的记忆。

自行车在计划经济时代是人们的主要交通工具。我国素有“自行车王国”之称。父亲曾对我说过，他骑的那辆德国制造的“蓝牌”自行车，是20世纪30年代在和平门至宣武门的城墙根儿底下的小（晓）市上买的旧车。他骑了大半辈子，历经几十年风雨。坏了修、缺件儿换，就连大梁都电焊过。等我工作了父亲将车传给了我骑的时候，已经变成了一辆地道的破烂杂牌儿车了。真是除了铃儿不响哪儿都响，刨去闸不灵哪儿都灵。实在没法儿骑了，父亲说，你再买一辆上班骑吧。可是，那时候正是20世纪60年代末，人们的生活水平还很低，精神和物质生活十分匮乏。吃粮食有定量，而且要粮票儿、写粮本儿，买副食品不仅限量，还要在副食本儿上登记。买茶叶要工业券儿，买纸烟要烟票儿……而大衣柜、手表、自行车等较为贵重的商品数量极少。那时的青年人都渴望买到一辆大链套（整链套）的自行车，可是平时都见不着，是非常稀罕之物。

忽然有一天得到了一个信息：1969年4月24日，中国共产党第九次全国代表大会在北京闭幕。为了庆祝这一盛会的成功召开，京城的几家自行车商店准备在4月25日投放市场一批自行车。闻讯后我欣喜若狂，那天正是我下了夜班休息的时候。早晨5点钟我就来到了位于大栅栏西口路南处的“大栅栏自行车商店”。这里早十多个人在排队了。到了9点钟商店开门营业的时候，门前已经被人围得水泄不通了。那天共卖了20辆自行车，有“永久”牌和“飞鸽”牌两种。凭着排队的人自己组织发的号儿，我买到了一辆天津自行车厂生产的“飞鸽牌标定28”型大链套的男车。售价167.40元，是我当时月工资的5倍多。

自行车到手后，我特意骑到天安门广场留影

把新车买回了家，我兴奋至极，推着车到处显摆，如获至宝。从此每天晚上擦车成了我的主要家务劳动。下雨阴天的时候，我宁可早起一个小时走着去上班，也绝舍不得骑新车。记得一次一位同事跟我借车，说是去相亲，不好意思不借，那正是夏景天儿，我竟拿了一副白线手套让他戴上，怕手出汗弄脏了车。现在想起，不但可笑而且有些过分了。

因为那个年月买辆车很不容易，想照张相片儿留个纪念，就选在了天安门广场。那天我借了一个上海产的“海鸥牌203型”相机带自拍的那种，用的是21定120黑白胶卷儿。我穿了一身儿蓝色“的卡”制服，脚蹬黑色“冲服呢”白边懒汉鞋。这身儿打扮在那个年代是青年人最时尚的，可以说是盛装了。又花了2元8角钱买了一个很好听的“转铃儿”安在车把上，换下了车上原带的小铃儿。一路铃声阵阵、风驰电掣般地骑到了天安门广场，摆好了姿势，以雄伟的天安门为背景，按下了快门儿……

老北京 民俗百图

此中国医道之图也。

——

京中医士有太医、御医之（号），乃是在太医院应差者，如有人请看，马钱二吊四百文，四吊八百文不等。如来到门首看病者，给钱数百，作为『门脉』。

纸窗冬夏

我家住在琉璃厂附近的一条“死”胡同儿的深处，这是个大杂院儿，全是平房而且都很破旧。居住在这里的人，少不了做那些用纸糊窗的活计。

说起糊窗户，老北京人是很讲究的，一年要糊两次呢。父亲糊了几十年，如今我也早已把他的手艺继承了下来。

大杂院儿里的平房，一般都是每间房屋的上边并排两个大木格窗框。每个窗框有24个正方形的木格，下边是两大块玻璃。这第一次糊窗户就是在每年秋天秋风萧瑟的时候，要用白面打好糨糊，买一种坚韧耐用的“高丽纸”，把窗框、窗棂处刷匀糨糊，把纸糊严、黏平。如果糊不好，开、关屋门及刮风时窗纸便会哗哗作响。别小看这一层薄薄的窗户纸，它可以挡住满天风雪使屋内一室如春。待到来年春、夏之交天气渐热了，再把窗户纸全部撕去，做好卷窗准备消暑。这便是第二次糊窗户。

做卷窗时，先在木格外糊上冷布，即一种稀疏能透气的薄纱（现在已为塑料窗纱取代），多为绿色，使人如置绿荫中有凉爽之感，还可挡住蚊蝇飞入屋内。木格里面用一大张“高丽纸”，将其一端糊在屋内窗框的上部，窗棂处不抹糨糊；纸的下端黏在一根儿与纸一般长的秫秸秆上，窗框的上、下钉上数枚小铁钉，用线绳绷紧，这样可以上、下推动卷窗。昼垂夜卷，调节室内温度。到了深秋再把卷窗撕下，把纸糊严准备过冬。

糊好窗户纸，准备过冬

老北京　民俗百图

此中国雨水泡之图也。

此物必须连阴雨天用雨水着紫碱、松香调和，盛在碗内，用竹枝作圈，点水往空掠去成泡，借日光照之，化五彩颜色，名曰雨水泡。

在我屋迎面的墙上，挂着一轴儿当代著名书画家郭子绪先生书写的、久居京城的现代文人夏仁虎所作的一首词。虽然那装裱精美的立轴儿与我这破平房很不相称，但这首词的内容和我家的情形相符，是专咏卷窗的《月华清》："鱼网量笺，苔纹选纸，疏棂可可裁剪。碧苇横粘，旋把红绒暗绾。任几重花影移来，浑留住鸭炉香篆。向晚，透丝丝凉意，绿槐风软，更隔珠帘短短，恰拦住飞蝇，误他归燕。夏日炎炎，遮住斜阳一半。放黄昏白玉线穿，障清昼软红尘远。舒卷，算寒温参透，随人宛转。"书家的行草质朴自然，而词人生花之妙笔把个小小卷窗写得何等风雅动人。

北京的城市建设和危旧房改造工程已经进行了几十年，越来越多的老北京人住进了"与世隔绝"的高楼大厦里，早已没有了糊窗纸的活儿了，胡同儿和四合院儿也所剩无几了。如今我想，大概只有在我们这里才能真正体味到老北京生活的情趣了。

有着精美雕花的传统窗户

从前的食品包装

老北京 民俗百图

此中国宰羊之图也。

——

京都羊肉铺中，清晨将羊捆上，必请老师傅宰之。其师自携尖刀，宰毕急走，另赶别处宰之，名曰下刀儿师傅也。

这篇小文只谈从前食品包装时使用的三样东西：荷叶、木纸、蒲包儿。

从前京城卖熟食的大都用荷叶打包儿，用马莲系好。买的熟食多，用一大张荷叶包，若买的少，用小张或半张荷叶包。像卖酱牛、羊肉、猪头肉、肉包子、肉饼、熟肠儿、小肚儿等，就是串胡同儿卖菱角、鸡头米的小贩都用荷叶包装。他们用的都是当天采摘的特别水灵的鲜荷叶。用它包酱肉等，不但不串味儿，还不往叶子上粘，而且带有荷叶特有的一种清香。这是最环保、纯天然、无污染的绿色包装。

记得儿时，父亲经常买回家来熟食。打开荷叶包儿，里面不是酱牛、羊肉，就是白水羊头肉。刀功精细、码放整齐，肉香、荷叶香，溢满全屋。吃完，荷叶舍不得扔，父亲把它冲洗一下，用它熬荷叶粥。方法很简单，与平时熬白米粥时一样，只是粥在火上快开时，将荷叶放入锅内。待锅里的粥呈黄绿色时荷叶粥就熬好了。取出荷叶，锅里放入适量冰糖，盛入碗中，晾凉了喝口感更佳。父亲说，荷叶有药用功效，常喝荷叶粥可以解热降压、去暑和胃，还有降血脂的作用。

再有一种包装材料是木纸，顾名思义，它是用木材加工而成。与“牛皮纸”薄厚差不多，既硬挺，又有一定的韧性，还较脆，是与卫生纸一样的卷状。使用时，一撕就下来一块。那时妈妈常让我去街上的肉杠（猪肉铺）买猪肉回家炒菜。一次顶多买5毛钱的，一般都是买2毛的。人家给切一块，称好了，撕一块木纸将肉放在上面，用手托着，颠儿颠儿地跑回家。也有的时候去羊肉床子（卖牛羊肉的铺子）买羊肉馅儿，也是用木纸。这种木纸大都是包装生肉等用的。

过去亲友间逢年过节互送的礼品都是一个大蒲包儿。这蒲包儿实际上是一种包装材料，而里面装什么那就由送礼的人决定了。

野外生有一种叫香蒲的植物，开花的时候，它那长茎的上部生有半尺来长，比拇指还粗的褐色花穗儿，形状像个棒子，所以叫蒲棒。香蒲的叶子坚韧且较宽，用它编成一尺来长、半尺多宽、两寸左右深的小筐儿，名叫蒲包儿。这是一般的规格，另备有大、中、小号儿的蒲包供顾客选用。旧时送礼，或用它装年糕、元宵，或装各种水果，或装糕点等。上面盖一张红纸，印有厂家或店铺字号等字样，四边用纸绳一捆，翘起四个角儿，手里拎着，大方实惠。这便是从前礼品的包装。那时管送礼叫送蒲包儿。

塑料袋诞生后，一场“白色革命”使这些传统包装退出了历史舞台。而今天，当年的“白色革命”已变成了“白色污染”。可是，现在几乎所有物品的包装仍然是塑料袋。不知今后顶替“白色污染”的将是何物？

谁说北京人

不租房?

老北京 民俗百图

此中国攒香簸米之图也。

其技艺以打斤斗为是，设高桌一张，用簸箕内盛米，盛香，盛茶盅数枚，挨次端之，站于桌上打斤斗自翻下，内所盛之物一粒不能洒地，其技可嘉。

说起住房，其实除了部分老北京人有自己的房产外，有相当数量的老北京人都是租房住。最早租的是私人的房子，例如，房东家里人口儿少，但住的是宽敞的大四合院儿，于是就出租几间出去，成了“吃瓦片儿”的房东。京城“一乱二破”的大杂院儿就是这样逐渐形成的。1956年公私合营房子归了公家，房管局就成了产权单位。房客们的房租就缴于其下属的房管所。这类出租的平房大都有一定的年份，房屋较为破旧，而京城还有一类破旧的房子那就是简易楼。

所谓简易楼，它不是正式楼房，是20世纪的60年代，房管局在几个城区择地盖了一些红砖的三层小楼儿，均是“二四”墙体。质量较次、条件很差，房间较为狭窄。没有阳台，没有暖气及燃气，也没有厨房、卫生间。只在楼道里有男、女公共厕所。

时至今日，半个多世纪过去了，这样的简易楼在京城仍然存在。据我所知，在原宣武区的双柳树二条，仅这一条胡同儿就有九栋简易楼都住满了承租的老北京人。京城“危改”了这么多年，拆迁了太多的胡同儿四合院儿，唯独没有把早已破旧不堪的简易楼列入其中。

我家最早住在玻璃厂附近的一个大杂院儿里，三间24平方米的平顶的西房是父母在20世纪30年代末租住的，后来我在这里出生。记得1949年中华人民共和国成立后，这三间房的租金是6元，再早是多少钱我就不知道了。每个月的月底，父亲在缴房租的折子上写好年月日及所缴金额，然后在折子里夹上6元钱，让我去后院儿的房东家将折子送去。到了下个月又该缴房租的时候，房东又把房折交给我们，写好夹上钱再送过去。房子归公后重新定价，每月向房管所缴的房租是2元零8分钱。

当年房东在其院里盖房只为出租，不管质量，后来归了房管局也修缮不当。所以我家这三间房经过了几十年的风风雨雨成了严重破损房：梁柱遭朽、门窗下沉、墙面酥碱、地面坑洼，后山墙多处裂缝儿。严冬季节，针鼻儿大的窟窿斗大的风，只好用糊纸、塞纸团儿的办法抵御寒风的“入侵”。雨季一到，又常在屋中欣赏锅、碗、盘、盆儿的“交响曲”，真是别有一番“情趣”。但是，常年住在这样的环境里，屋里的东西终逃脱不了损坏的命运，我家就有过这样的经历。

我家有两个旧式的书柜，上部是两扇玻璃门儿，里面摆放着古籍善本。书柜顶上的两个装有纸张、旧信封的木箱受到了屋顶漏雨的影响，不太严重。旁边墙上挂着的一个镜框，里面的一幅画被房顶渗下来的雨水浸湿留下了抹不掉的黄色印迹。这是一张清代著名画家、古文家、翻译家林纾（字琴南，号畏庐）的山水画。由此，它的价值大打折扣。更为严重的问题出现在书柜的下半部。下部有上、下两层，两扇木门儿关不严，里面存放着字画儿、旧纸及老地图等。这两个书柜并排放在我屋左侧的后山墙处。屋外碱化破损的墙面与书柜相对的地方堆满了邻居家的什物，夏天积滞的雨水数日不干，而那猖獗的老鼠大白天的就敢在院儿里溜达。我那关不严的书柜它们更是来去自由。

那年秋天的一个星期日，我忽然勤快了。想把几年未动的书柜拾掇一下，拉开门儿一看，一股霉味儿扑面而来，使我大吃一惊。为了省地儿，那50余张叠着放的旧纸，包括“康熙”年间的高丽纸、民国年间的玉版宣、六吉宣等，不但被咬坏，而且潮湿的几乎黏在了一起。最可惜的是，那两张清初的“清水加重冷金”纸，筛子底儿般虫蛀的小洞，连着老鼠咬嗑的大片儿的残边破面，跟花瓜似的。两大张整纸裁下了两小块儿稍好点儿的，一块儿送给了我的朋友、著名书画家郭子绪先生。另一块儿89厘米×36厘米，我求著名书法家黄苗子先生写了一幅横批“抱璞”两个篆字，左面的行书题款为“和抱璞而泣血兮，安得良工而剖之？书楚辞句”。并题有我的上款儿。我想，残存的旧纸上留下了名家墨宝，这对我在损坏藏品后十分遗憾的心里也是个安慰。

在书柜里收藏的字画中还有一件受损较为严重，那是民国年间著名书法家、江西南丰人赵世俊（字声伯，号山木）的纸本楷书立轴，共七个字“夕阳古道远行图”，涂子厚的上款儿，下款为“壬戌孟春之初山木赵世俊记于莲花泊上”，字体清俊、蕴雅。这轴儿字的天杆已掉，地杆与地头只连着一点儿，边被咬坏，画心儿上那大片的如云头状的水渍印痕是无论如何也洗不掉了。

老北京 民俗百图

此中国蘸羊油烛之图也。

——

烛中之芯，另有人承做。蘸烛者用锅将油熬化浇在芯上成烛，浇成有八枝一斤、十枝一斤不等，红白两色，红者紫草染之。

行文至此，不胜感慨。老百姓的衣、食、住、行，住房是头等大事。只有安居才能乐业，只有安居才能幸福地生活。否则，将会带来很多烦恼和遗憾。

书法家黄苗子先生在残存老纸上题写的“抱璞”篆字

卖画记

受家庭的影响，很早就对收藏感兴趣。儿时玩儿的三角儿（用烟标叠的）、洋画儿等，直到现在我都完好地保存着。随着年龄的增长，对艺术品有了更进一步的理解、喜爱与追求。又继承了父亲留给我的古籍善本、字画儿等藏品，应该算是收藏大军中的一员了。可是，前些年因迫于生活等原因，不但没有丰富藏品，反而还有过多次变卖藏画儿的经历，令人难忘，今特记之。

头些年卖画儿很难，这是因为买主儿少，即使有人要也卖不出好价钱，等于白扔。真是“抱着猪头找不着庙门儿”。那时，北京唯一收购字画儿的地儿就是地处东琉璃厂路南的那个“北京市文物商店收购部”。记得，20世纪70年代初，我拿着清代陈曾寿（字仁先）的水墨纸本立轴儿山水四条屏前去。此画儿，名、真、精、新，全占了，是陈氏的代表作。当时收购部的一位佘姓老者当班，

老北京 民俗百图

此中国着象棋之图也。

——

此棋黑、红各十六子，分车、马、相（或作『象』）、士（或作『仕』）、炮各一对，一帅，一将，共三十二子，乃是闲解闷对车玩艺而已。

他仔细地看了画儿后说是真迹。我说，能给多少钱？他伸出了两个手指，我不解其意，再问。他说，2元钱。人们常把东西卖得价钱高称为“天价”，而他给的可否说是“地价”呢？真够损，二话没说，包起画儿我就走了。后来卖给了一位私人，给了60元。还有一轴儿清代姜筠（字颖生）的四尺整纸即八平尺的设色山水画儿，气韵生动、苍润古秀之极，十分难得。卖120元人家不干，看上了我家墙上挂的张裕钊的七字对联儿。上联儿写的是什么现已记不清了，下联是“草色连江人自迷”。结果这副对联儿白饶给了人家才算成交。

曾有朋友对我说，把画儿卖给公家兴许会给你的钱多点儿。但那个文物收购部我是绝对不会再去了，一次就寒心了。20世纪80年代初，经朋友引见，我来到了文物鉴定家马宝山先生家。我带去的字画儿有：清代阮元和顾复初的纸本立轴儿七字对联儿、松小梦的水墨纸本山水四条屏、李诂的设色绢本山水立轴儿、缪素筠的设色绢本山水立轴儿、张问陶的纸本行书立轴儿等七件共十二轴儿。这些字画儿的品相都很好。由马宝山先生鉴定并介绍，全部卖给了“首都博物馆”。一共给了750元。现在看来，这些字画儿跟白送他们差不多。

大约从1992年开始，艺术品拍卖市场开始在我国建立。北京最早成立的拍卖公司有“嘉德”“瀚海”“荣宝”“太平洋”等，现在京城已有大、小拍卖共数百家。媒体上不断有拍卖会上火爆场景及高成交额的报道。我想，现在要是拿画儿到拍卖公司去，肯定能卖好价钱，遂决定一试。

记得那是1999年的春天。我拿了一轴儿清末著名画家、翻译家、古文家林纾（字琴南、号畏庐）的设色山水立轴儿，来到了位于城南报国寺内的“东方”拍卖公司。此画约1.3尺×2尺，是赝品，但神、形俱佳，气势不凡。只是款识的字体及印章稍差。民国初年的绫子，民国裱。豆绿磁轴头（缺一个），一看便知是林纾同时代人仿作。有一定的收藏价值。收拍品的一位先生问是否真迹，底价定多少，我说没错儿，定5000元。我想试其眼力如何，故未说实话。只见他微微一笑，说：“定5000元怕不好卖，定2800元吧。”我说可以。他果然好眼力，因为林纾的真迹精品绝不会是这个底价，我俩心照不宣。没想到此画流拍，按规定我付给了“东方”拍卖公司底价3%的服务费84元。随后，我又将这轴儿画儿拿到了在廊房头条“劝业场”内的“中联”拍卖公司。因等钱用，底价不敢定高了，怕再卖不出去，于是降为500元。拍卖时，有人举牌儿而

老北京　民俗百图

此中国撞钟之图也。

每人用铜钱一个在墙上撞之落地，一个远者打近者，打着赢钱，打不着为输，取其欢乐也。

无人竞投。结果扣去10%的佣金，我实得450元。减去我交“东方”拍卖公司的84元服务费，我这轴儿画儿才卖了366元。富于戏剧性的是，一个多月之后，我又在“东方”拍卖公司的预展上看到了这轴儿曾经属于我的林纾的山水画，定价为2000元。拍卖那天我去旁观，这次也是按底价卖出。也就是说，那位会“捡漏儿”的买主儿在“中联”的拍卖会上花了550元将我的画儿买走，紧跟着就在“东方”拍卖会上卖出。扣去佣金，他净赚1250元。第一次在拍卖会上卖画儿就“出师不利”，再打交道还真发怵。单说这流拍的服务费我就拿不起。

细想起来，这些年卖掉的心爱的藏品岂止这些，更甭说那古墨、旧纸等杂项了。没一件东西是按其基本价值卖的。全都是“仨瓜俩枣”地就给打发了。照此下去，终有“坐吃山空”的一天。

鉴宝之我见

老北京 民俗百图

此中国钻火圈之图也。

其人用木作圈，周围插油纸，把火点着。其人往来钻之，练其身子轻妙而已。

近来大众收藏热在不断升温，有关部门为了普及文物知识，指导和鼓励这一群众性的高雅文化活动，这几年多次举办公益鉴宝，深受广大藏友欢迎。一年一度的“5·18”国际博物馆日这天，北京市文物局都要在先农坛里的“北京古代建筑博物馆”内的“具服殿”组织专家举办鉴宝会。引来四面八方的众多收藏爱好者，抱着自家的传家宝来请鉴定专家掌眼。那年博物馆日那天，我也赶去凑热闹。这次鉴宝分三类，瓷器类、书画类和杂项类。这种鉴宝，专家不作市场估价，只告知持宝人所带藏品的年代及真假。我去的这次鉴宝是收费的，每件藏品的鉴定费是20元。

那天，我看到了绝大多数人满怀期望而来，而从“具服殿”走出来的时候，一脸沮丧，乘兴而来，失望而归。他们带来的宝贝大都被专家鉴定为“仿品、新的”。甚至有的人表示对鉴定结果不满，站在院子里慷慨激昂，好一片议论。

我带来的三件藏品属于杂项类，一件是沁色斑斑的岫玉墨床，另一件是紫砂树根型的水盂，底部有一图章款儿，再一件为青铜香熏，皮壳呈黑色、裹着一层黑漆骨，还有三个铭文。鉴定结果令我十分遗憾，那位女性的杂项鉴定家说：“墨床和香熏是新的，这个水盂有点意思。”这是她的原话。可是并没有告诉我水盂的年代，也没说真假，底部的图章款儿她也未看清楚，然后由工作人员将我引到交款处，交了60元钱。前后只用了两分多钟，这钱挣得好容易呀。我不解的是，这三件藏品是我家的旧藏，父亲一生喜爱收藏，这是他于20世纪30年代在和平门至宣武门的城墙根底下的小（晓）市上买的。说到小（晓）市，这里想多啰唆几句。

这个小（晓）市形成于20世纪30年代初，一直持续到了20世纪50年代。记得儿时父亲带我去过几次。它和其他的仅限于早晨（晓）摆摊儿卖货的市场不同，而是整天都有。全是地摊儿，卖什么的都有，当然全是旧货，像什么生活用品、零散书本儿、古董玩器儿等。从和平门到宣武门，足有一里半地，靠西头儿是卖炒饼、锅饼，和贴饼子的两个小饭铺。我家的那三件宝贝就购于此地，距今已80余年，这次鉴宝专家说是新的，不仅毫无根据，而且简直成了笑话儿。

我以为，这种当场鉴宝与电视上的鉴宝节目不同。电视台鉴宝是经过海选的，上电视的藏品都经过专家们的切磋、研究、准备，做足了案头工作。就连鉴定结论都引经据典，写得头头是道。而现场鉴宝的难度是很大的，一眼看高，一眼看低的情况是常有的。若藏友拿来的是一件开门儿的东西，一眼即能看出是真品，还有一种开门假的也能马上看出来。但是问题往往不是这样。拿杂项类的东西来说，品种繁多，有的可能连专家都没见过，一时拿不准，现场也不可能临时找人商讨，也不方便找什么资料。所以，一句“新的”，或说“仿品”便给持宝人打发走了。这样做虽不失专家的身份和面子，但在一定程度上挫伤了收藏爱好者的积极性，也暴露了专家在某些方面文化知识的缺乏。

实事求是地讲，一方面，现在民间的收藏水平还不是很高，真正质量上乘的物件不多。但是另一方面，鉴定界说真话的所谓专家也不多，而为了获得高额鉴定费，迎合藏家心态，知假说真的鉴定家，也就是说假话的却不少，所以收藏爱好者不能盲目迷信专家。

盛世兴收藏，无论是以收藏艺术品为投资手段的“经济收藏”，还是为了明天收藏今天，将其作为一项高雅娱乐活动的大众收藏，广大藏友们都需要文物收藏方面的知识，需要提高自身的文化修养等。但更需要的是鉴定专家在鉴宝时的热心、细心、真心和责任心。

老北京 民俗百图

此中国做潮烟之图也。

——

京中烟铺将烟叶子炮制，剁成方块，用铁刨子（刨）成丝，名曰造潮烟也。

图书在版编目（CIP）数据

老北京的那些事儿 / 李维基著. — 北京：中国轻工业出版社，2021.6
ISBN 978-7-5184-3506-7

Ⅰ. ①老… Ⅱ. ①李… Ⅲ. ①风俗习惯－介绍－北京 Ⅳ. ① K892.41

中国版本图书馆 CIP 数据核字（2021）第 093012 号

责任编辑：郭挚英　责任终审：劳国强　整体设计：王超男
策划编辑：刘忠波　责任校对：朱燕春　责任监印：张京华

出版发行：中国轻工业出版社（北京东长安街6号，邮编：100740）
印　　刷：北京博海升彩色印刷有限公司
经　　销：各地新华书店
版　　次：2021年6月第1版第1次印刷
开　　本：710×1000　1/16　印张：13.5
字　　数：270千字
书　　号：ISBN 978-7-5184-3506-7　定价：68.00元
邮购电话：010-65241695
发行电话：010-85119835　传真：85113293
网　　址：http://www.chlip.com.cn
Email：club@chlip.com.cn
如发现图书残缺请与我社邮购联系调换
200354W2X101ZBW